Anonymous

Italienische Portraitskulpturen des XV. Jahrhunderts

Anonymous

Italienische Portraitskulpturen des XV. Jahrhunderts

ISBN/EAN: 9783743406681

Hergestellt in Europa, USA, Kanada, Australien, Japan

Cover: Foto ©Thomas Meinert / pixelio.de

Weitere Bücher finden Sie auf **www.hansebooks.com**

ITALIENISCHE PORTRAITSCULPTUREN

DES XV. JAHRHUNDERTS

IN DEN KÖNIGLICHEN MUSEEN ZU BERLIN

HERAUSGEGEBEN VON WILHELM BODE

BERLIN
VERLAG DER WEIDMANNSCHEN BUCHHANDLUNG
MDCCCLXXXIII

Dem Buchhandel in 100 Exemplaren übergeben

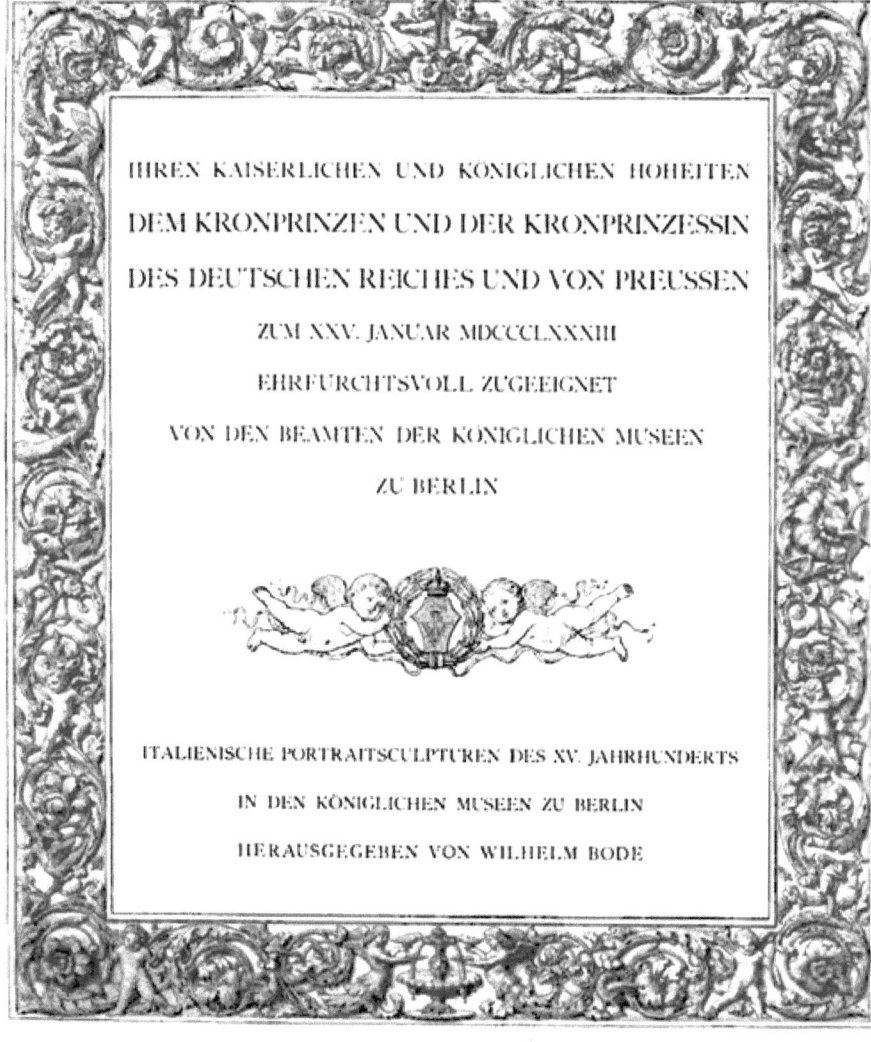

IHREN KAISERLICHEN UND KÖNIGLICHEN HOHEITEN

DEM KRONPRINZEN UND DER KRONPRINZESSIN

DES DEUTSCHEN REICHES UND VON PREUSSEN

ZUM XXV. JANUAR MDCCCLXXXIII

EHRFURCHTSVOLL ZUGEEIGNET

VON DEN BEAMTEN DER KÖNIGLICHEN MUSEEN

ZU BERLIN

ITALIENISCHE PORTRAITSCULPTUREN DES XV. JAHRHUNDERTS

IN DEN KÖNIGLICHEN MUSEEN ZU BERLIN

HERAUSGEGEBEN VON WILHELM BODE

Die großartige Umwälzung, welche an die Stelle der mittelalterlichen Weltanschauung die der modernen Zeit setzte, vollzog sich zuerst in Italien, und zwar ebenso rasch als tiefgehend. Oft ist darauf hingewiesen worden, daß eine der Haupterscheinungen dieser neuen Zeit, Folge wie Voraussetzung derselben, die Ausbildung des Individuums ist; die Erkenntniß des Einzelnen in seinem eigenthümlichen Werthe, das Herauskehren der Persönlichkeit und deren systematische Ausbildung. Noch am Schluß des dreizehnten Jahrhunderts war auch in Italien das gesammte Leben gebunden in der festgefügten Ordnung von Hierarchie und Lehnstaat, Ständen und Körperschaften, in welchen sich der Einzelne fast nur als Glied eines Ganzen empfand und selbst die hervorragende Persönlichkeit im Wesentlichen nur Vertreter eines Systems war. Aber schon mit Dante's Schöpfung, die nach der einen Seite noch die großartigste poetische Verherrlichung der mystisch-hierarchischen Anschauungen des Mittelalters ist, tritt uns auf der anderen Seite doch in der Fülle und Mannigfaltigkeit ausgeprägter Persönlichkeiten schon die moderne Zeit in ihrer entschiedenen Betonung der diesseitigen Welt, der Natur wie der Geschichte, tritt uns zugleich mit Dante selbst eine der ausgeprägtesten und großartigsten Gestalten der neuen Zeit entgegen.

Die politische Entwickelung Italiens, durch die Ausbildung des Individuums wesentlich bedingt, förderte ihrerseits wieder die allseitigste und schrankenloseste Entwickelung der Persönlichkeit. Nicht nur das republikanische Gemeinwesen und der ununterbrochene Wechsel der Herrschaft innerhalb derselben, sondern selbst die Tyrannis bildete und zog die Einzeltalente groß, deren sie zu ihrer Sicherung und Verherrlichung bedurfte, und führte schließlich in gewissem Grade bis zur Aufhebung der Standesunterschiede. Wie diese großartige Umwälzung auf der einen Seite der erfreuliche Ausdruck ist von einer richtigen Werthschätzung des Einzelnen, so hat sie andererseits doch auch eine traurige Kehrseite herausgebildet in jener in einzelnen Erscheinungen gradezu abschreckenden Schrankenlosigkeit und übermüthigen Gewaltthätigkeit. Gleichzeitig brachte das Bekanntwerden der Antike und das wachsende Verständniss derselben in das geistige Leben einen Reichthum und eine Mannigfaltigkeit, die nicht nur der Wissenschaft einen neuen fruchtbaren Boden bereiteten, sondern zugleich ganz neue Seiten der menschlichen Seele erschlossen. So förderte auch der Humanismus die Erkenntniss und Entwickelung der Persönlichkeit, indem er nicht als trockene philologische Wissenschaft auftritt, sondern in stetem Contact mit dem Leben und im eifrigen Verkehr mit den Repräsentanten des öffentlichen Lebens seinerseits die Wissenschaften beherrscht und entwickelt, welche die moderne Zeit hervorkeimen lässt. Dank dem Humanismus wird die Ausbildung der Individualität des äusseren wie des inneren Menschen im fünfzehnten Jahrhundert gewissermassen selbst zur Wissenschaft, welcher die Zeit so harmonisch durchgebildete Persönlichkeiten wie Lorenzo Magnifico, so allseitig entwickelte Menschen wie — um gerade Künstler zu nennen — Leon Battista Alberti und Leonardo da Vinci verdankt.

Ihren entschiedensten und wirksamsten Ausdruck erhielt diese scharf ausgeprägte Richtung des Individuums und sein Selbstbewusstsein in der Sehnsucht nach dem Ruhm. Nicht mehr im Jenseits, auf das die Kirche den Gläubigen verweist, konnte dasselbe seinen Lohn finden; sein Ruhm ist von dieser Welt, im Diesseits, und die Unsterblichkeit des Namens ist der höchste Preis, das höchste Glück, welches dem Menschen beschieden ist. Schon Dante hat dieses Glück des Ruhms empfunden, «ohne den das Leben wie Schaum und Rauch vergeht»; doch erst Petrarca, auch hierin unter den ersten und grössten Erneuerern der klassischen Welt, hat den Gedanken des Ruhms nach allen Seiten ausgebildet. Die Ruhmbegierde ist es denn auch, die einen der ausgeprägtesten Züge des Zeitalters bildet; auch in ihrer Verzerrung, die moderne Herostrate hervorruft und in der Verherrlichung des Einzelnen — wie in ihrem Kehrbilde, der Verläumdung — keine Schranken kennt.

Ein Hauptmittel zu ihrer mannigfachen Befriedigung findet diese Ruhmbegierde in der bildenden Kunst; in der Herstellung von Prachtbauten und der Schöpfung von Kunstwerken, aber auch direkt in der Darstellung der Persönlichkeiten, in den verschiedenen Arten des Bildnisses. Die bildende Kunst hat aber gerade, neben der objectiven Betrachtung der Aussenwelt, in der Erkenntniss des Individuums ihre Voraussetzung. Die Tiefe und Kraft des Erkennens überhaupt, welche den Italiener der Renaissance vor allen Nationen auszeichnete, musste sich zur günstigsten Bedingung des Erwachens und der herrlichen Entfaltung der bildenden Kunst gestalten. Es ist daher nur eine natürliche Wechselwirkung, dass dieser ausgeprägte Individualismus der Zeit die Kunst scharf bestimmt und zugleich in derselben mit Vorliebe zum Ausdruck gebracht und verherrlicht wird. So hat in der glücklichen und in ihrer Art einzigen Verbindung mit dem künstlerischen Gestaltungstrieb und dem allgemeinen Kunstsinn die Entwickelung der Individualität in Italien während des fünfzehnten Jahrhunderts die Portraitdarstellung zu einer Mannigfaltigkeit, einem Umfange und einer künstlerischen Vollendung entfaltet, wie sie zu keiner anderen Zeit und in keinem anderen Lande sich wiederfinden.

Es ist kein Zufall, dass in der Plastik das Bildniss früher als in der Malerei erscheint. Schon die scharf abgegrenzte Persönlichkeit, wie die Zeit sie hervorbrachte, fand an sich in der Plastik ihren angemesseneren Ausdruck. Aber auch die Entwickelung und technischen Vorbedingungen der beiden Schwesterkünste verschafften dem plastischen Bildniss die Priorität. Zwar finden wir schon in den Gemälden und Fresken des vierzehnten Jahrhunderts gelegentlich den Stifter, allein oder mit seiner Familie, angebracht, eine Sitte, welche im Quattrocento so weit ausgedehnt wird, dass zuweilen die dargestellte heilige Handlung fast verschwindet unter der Schaar von Zuschauern, in denen die Familie und Sippe des Auftraggebers abgebildet sind; aber das Einzelportrait tritt doch erst gegen die Mitte des Quattrocento hervor. Anders in der Plastik. Hier war durch den Gräberkultus der Anlass sowie durch die Ueberreste römisch-etrurischer Sarkophage und Aschenkisten das naheliegende Vorbild für eine portraitartige Darstellung des Verstorbenen auf seinem Grabmal gegeben. Wir sehen daher gleich bei den ersten Regungen einer selbständigen bildnerischen Thätigkeit in Italien das Bestreben nach einer Ausschmückung des Grabes durch die ruhende Figur des Todten, sei es als einfacher Grabstein oder im Nischengrab, hervortreten. Wie sich das Grabmal in Italien seit der Mitte des dreizehnten Jahrhunderts nach Landschaft, Ort, Bestimmung, Zeit und Material in der mannigfachsten Weise entwickelt, wie dasselbe sich gradezu zu einem hervorragend monumentalen und daher zum wichtigsten Zweige der italienischen Plastik ausbildet, dies zu verfolgen, ist eine der anziehendsten und belehrendsten Aufgaben der italienischen Kunstgeschichte.

Diese frühe und grossartige Entfaltung des Grabmonumentes war durch die religiöse und kirchliche Bedeutung desselben wesentlich gefördert. Einen ähnlichen kirchlichen oder mindestens doch einen öffentlichen Charakter trägt auch die freie Portraitstatue. Dass sie trotzdem nur ganz ausnahmsweise auftritt liegt wohl in erster Reihe in jener Vorliebe für das Grabmonument, theilweise aber auch in den Schwierigkeiten, welche sich der Frührenaissance bei der plastischen Wiedergabe der Persönlichkeit in ganzer Figur entgegenstellten. Die Statue des Enrico Scrovegni, wahrscheinlich von Giovanni Pisano, in der von ihm gestifteten und für ihn von Giotto ausgemalten Madonna dell' Arena zu Padua, ist das früheste Beispiel, Donatello's Statue des Staatsfekretairs Bracciolini im Dom zu Florenz das Meisterwerk unter diesen seltenen Einzelstatuen. Diese fanden ihren großartigen Abschluß in den bronzenen Reiterstandbildern der beiden venezianischen Condottieri Gattamelata und Colleoni, in ihrer Art einzigen Schöpfungen des Donatello und Verrocchio.

Diesen öffentlichen und feierlichen Arten des plastischen Bildnisses gegenüber suchen die rein privaten Bedürfnisse ihre Befriedigung in der Büste und in der Schaumünze. Beide sind erst Erzeugnisse des Quattrocento; beide gelangten in der zweiten Hälfte des Jahrhunderts zu einer Entfaltung und Blüthe, wie bis dahin und seitdem nicht wieder. Während das Grabmal und die Porträtstatue durch ihren Umfang und ihre Bestimmung an den Ort ihrer Aufstellung gebunden sind und daher fast überall in Italien noch ihren alten Platz behaupten, haben die Medaillen und theilweise auch die Büsten des Quattrocento ihren Weg auch aus Italien hinaus in die öffentlichen wie in die Privat-Sammlungen des Auslandes gefunden. Die werthvolle Sammlung italienischer Schaumünzen, welche das Berliner Museum besitzt, hat kürzlich eine Publikation den weiteren Kreisen der Kunstfreunde zugänglich gemacht; aber auch in der Sammlung italienischer Büsten aus dem fünfzehnten Jahrhundert, deren Hauptwerke hier zum ersten Male in künstlerischen Nachbildungen wiedergegeben werden, hat das Museum nach dem Kunstwerth wie nach der Zahl und Mannigfaltigkeit derselben einen Schatz aufzuweisen, wie sonst nur das Nationalmuseum zu Florenz. Die Berliner Sammlung ist daher ganz besonders geeignet, einen Begriff von der Bedeutung und Entwickelung des plastischen Bildnisses in Italien zu geben.

I.

Den augenfälligsten Unterschied unter den italienischen Portraitbüsten bezeichnet das verschiedene Material. Durch diese Verschiedenheit, welche zunächst als eine rein äußerliche erscheint, sind doch auch nicht unwesentliche Stilunterschiede bedingt.

Als das edelste Material für plastische Darstellung galt in Italien die Bronze. Bronzene Kirchenthüren waren die ersten Bildwerke, welche im Mittelalter auf italienischem Boden, und zwar anfänglich noch von byzantinischen Künstlern, ausgeführt wurden. Auch die Schule der Pisani wählte die Bronze für ähnliche Aufgaben, wie dies Andrea's Pforte für das Baptisterium in Florenz zeigt; und gleich im Anfange des Quattrocento sehen wir Ghiberti, Quercia und Donatello eine Fülle verschiedenartiger plastischer Arbeiten in demselben edlen Material ausführen.

Allein keiner dieser Künstler leitete eigenhändig den Guss oder die Ciselirung. Erst die jüngere Generation der Bildhauer des Quattrocento eignete sich im Goldschmiedehandwerk, aus dem sie zumeist hervorging, auch die Fertigkeit der Bronzetechnik an; ein Verrocchio, Antonio Pollajuolo und Lorenzo Vecchietta brachten es darin zu hoher Meisterschaft. Wenn es galt, reichste Pracht zu entfalten oder möglichst Dauerhaftes zu schaffen, wählte man jetzt auch für das Portrait die Bronze. So sind ebensowohl die Papstdenkmäler Pollajuolo's in der Peterskirche als die beiden Reitermonumente der venezianischen Condottieri Gattamelata und Colleoni in Bronze ausgeführt. Für die Büste bei ihrem anspruchsloferen Zwecke, als Erinnerung für Anverwandte oder Freunde, griffen aber auch die im Bronzeguss erfahrenen Bildner nur ausnahmsweise zu diesem kostspieligen und schwierigen Material. Es sind daher kaum mehr als etwa ein Dutzend Bronzebüsten aus dem Quattrocento auf uns gekommen. An dieser Seltenheit mag freilich theilweise auch die Versuchung für eine spätere, rücksichtslose Zeit, das edle Metall gelegentlich durch Einschmelzen der Büsten nützlich zu verwerthen, welcher bekanntlich auch fast alle gröfseren Bronzebildwerke des Alterthums zum Opfer gefallen sind, mit die Schuld tragen.

Von diesen wenigen Bronzebüsten ist das Berliner Museum so glücklich, zwei zu besitzen; beide sehr wahrscheinlich florentiner Ursprungs, beide, wie der Brustharnisch zeigt, einen Krieger darstellend, und zwar vielleicht ein und dieselbe Persönlichkeit. Freilich in verschiedenem Alter: das eine Mal im kräftigen, wenn auch bereits etwas vorgeschrittenen Mannesalter; das andere Mal hochbejahrt, zahnlos, gebückt und eingefallen. Die grofse Verwandtschaft in den Formen der beiden Köpfe, die mehrfach schon vor den Originalen bemerkt worden ist, läfst sich auch in den beiden Radirungen deutlich erkennen: die gleiche Kopfbildung, der eigenthümlich kurze und breite Nacken, die kräftig gebogene Nase, der fest geschlossene, energische Mund, die vorquellenden Augen — bei dem Greis freilich müde eingesunken — berechtigen zu der Vermuthung, dafs beide denselben Mann zu verschiedenen Zeiten seines Lebens wiedergeben.

Leider ist es bisher nicht gelungen, einen Anhalt zur Bestimmung der Persönlichkeit zu finden. Dafs ein Krieger dargestellt ist, läfst sich auch in der Büste des Greises vgl. den Kupferstich auf Tafel V. noch erkennen, obgleich das Bruststück derselben eine moderne Ergänzung ist; denn ein hinten am Halse erhaltenes Bruchstück zeigt deutlich den Rand des Panzers. Der Lorbeerkranz auf seinem Haupte kann ihn als den Sieger in der Schlacht verherrlichen; vielleicht dafs aber auch der Kriegsmann, nach der Sitte seiner Zeit, sich in der Dichtkunst versucht hatte und auf diese Lorbeeren besonders stolz war. Man sollte meinen, die Bestimmung sei nicht so schwer, da Florenz — und florentiner Ursprungs sind dieselben wohl zweifellos, wie wir gleich sehen werden — in der zweiten Hälfte des Quattrocento nicht grade Ueberflufs hatte an kriegstüchtigen Männern, und da ja keine andere Zeit so viel treue Abbilder ihrer Kinder hinterlassen hat. Dennoch mufs ich gestehen, dafs ich bisher vergeblich die uns erhaltenen florentiner Bildnisse der Zeit verglichen habe, und dafs mir auch von anderer Seite nur unbestimmte Vermuthungen auf Grund einer gewissen Aehnlichkeit mit dem einen oder andern namhaften Florentiner ausgesprochen wurden. Auffallend ist namentlich die Aehnlichkeit mit dem schönen Profilbildnifs des Francesco Sassetti vom Jahre 1485, wie es uns die Fresken Ghirlandajo's in Santa Trinità zu Florenz zeigen.

Zugegeben, die beiden Büsten stellen ein und denselben Mann vor, auf einen und denselben Künstler lassen sie sich keinesfalls zurückführen; denn in der künstlerischen Auffassung und Behandlung sind sie grundverschieden. Der jüngere Kopf, den die Radirung auf Seite 8 wiedergiebt, ist ein uncifelirter Rohguss von unscheinbarer Patina; aus unbekannten Gründen unverändert in dem Zustande belassen, wie er aus dem Guss über das breit gearbeitete Wachsmodell hervorgegangen war. Dagegen zeigt der Greifenkopf eine ganz ausserordentliche Vollendung, die sich nicht nur in der sauberften Cifelirung ausspricht, sondern auch in der Silbertauschirung der Augen, in der kunstreichen Legirung und vielleicht auch in der anscheinend künstlichen Färbung der Bronze. Durch letztere ist jene schöne und seltene arsenikgrüne Patina hervorgebracht, die sich sonst nur bei einzelnen Antiken findet.

Neben dieser Verschiedenheit in der äusseren Erscheinung, die durch den zufällig sehr verschiedenen Zustand der Vollendung hervorgerufen wird, zeigt sich ein unverkennbarer Unterschied in der künstlerischen Auffassung der beiden Büsten, sodass wir auf zwei sehr verschiedene Künstler zu schliessen berechtigt sind. Beiden ist freilich jene schlichte und naive Wiedergabe der Individualität gemeinsam, die auf jede gesteigerte Wirkung durch gesuchte Anordnung oder ähnliche Mittel verzichtet. Aber während der Rohguss eine einfach grosse Anschauung des Charakters wie der Formen zeigt und sich auf breite Wiedergabe der Massen beschränkt, bekundet der lorbeergekrönte Greifenkopf eine liebevolle Vertiefung in die Details, eine minutiöse Durcharbeitung, die jedoch keineswegs kleinlich wirkt. Eigenthümlich ist die Behandlung des Haares, welches, ebenso wie auch der Lorbeerkranz, eingravirt ist, während im Modell, wie sich jetzt noch erkennen lässt, das Haar in derselben Erhebung und Form, wie in der anderen Büste, vorgearbeitet war.

Die einfach naturalistische Auffassung und das ausserordentliche Verständnis der Natur, welche beiden Werken gemeinsam sind, weisen dieselben wohl mit Sicherheit der florentiner Schule zu. Nach den Verschiedenheiten der Auffassung und Behandlung muss jedoch der jüngere Kopf noch in der ersten grossen Epoche des Quattrocento, in der Zeit Donatello's, entstanden sein, der Greifenkopf dagegen in der späteren Epoche, in dem von Antonio Pollajuolo und Verrocchio beherrschten Kreise der Bronzetechniker. Einen bestimmten Namen wage ich für keine der beiden Büsten auszusprechen. Professor Hans Semper machte mich auf die Verwandtschaft des Rohgusses mit Auffassung und Behandlung von Donatello's Bronzen aufmerksam, namentlich mit dem Kopf des Gattamelata und der Büste seines Sohnes im Bargello. Mir scheint der Name nicht zu gross zu sein: jedenfalls trifft er die Richtung, welcher der Künstler jener Büste angehört. Wäre sie wirklich von Donatello's Hand, so würde sie seinen letzten Jahren angehören.

8

Auch die Geschichte diefer beiden Büsten giebt leider keinerlei Anhalt weder für die Bestimmung der Persönlichkeiten, noch der Künstler, da sie sich nicht weit zurück verfolgen läfst. Die Greisenbüste wurde von Friedrich Wilhelm IV. als Kronprinz 1835 in Hamburg aus der Sammlung des ruffischen Grafen Bale Polef, in welcher sie als antik und zwar als Büste des älteren Scipio galt, erworben und 1868 durch Seine Majestät den König den Museen als Geschenk überwiesen. Graf Bale Polef hatte die Büste im Anfang unseres Jahrhunderts in Neapel erstanden. Die andere Büste wurde 1877 aus dem Besitz eines Parifer Liebhabers angekauft.

Mit der höchsten Vollendung der Bronzetechnik, die der zweiten Hälfte des Quattrocento angehört, fällt die vollendete Meisterschaft in der Bearbeitung des Marmors etwa zusammen. Jenen grofsen Meistern gegenüber, welche am Eingange der neuen Zeit in dem Streben, den erfafsten Moment und Charakter voll und grofs wiederzugeben, der Durcharbeitung nur in zweiter Linie ihre Sorgfalt zuwandten, läfst sich diese jüngere Generation als die der Kleinmeister unter den italienischen Bildhauern bezeichnen. Der Marmor, der so viel weniger mühsam zu bearbeiten war, als die kostspielige und nicht für alle Zwecke geeignete

Bronze, fand unter diesen Künstlern begreiflicher Weise die größte Zahl von Anhängern. Ein besonders günstiger Umstand, welcher Werth und Reiz der Marmorarten dieser Zeit noch erhöht, war die köstliche unter dem Namen Creftola bekannte Qualität des Marmors, welche grade damals die Brüche von Carrara lieferten. Der Wiedergabe des Bildnißes kam die Schönheit des Marmors kaum weniger als die Meisterschaft in der Bearbeitung deffelben zu Gute.

Die Berliner Sammlung hat auch an Marmorbüsten verschiedene Meisterwerke ersten Ranges aufzuweisen. Am bekanntesten sind die aus dem Palazzo Strozzi stammenden Büsten des Niccolò und der Marietta Strozzi. Die letztere ist eine der wenigen Marmorbüsten, deren Vasari Erwähnung thut, und zwar mit größtem Lobe. «Da Marietta von großer Schönheit war — so sagt Vasari in seiner Lebensbeschreibung des Desiderio —, so gelang ihm ihre Büste ganz vortrefflich.» Und Perkins, dem das Verdienst gebührt, in seinen beiden Werken über die Bildhauer Toscana's und über die italienische Plastik des Mittelalters und der Renaissance den Werth der Plastik des fünfzehnten Jahrhunderts zuerst wieder richtig gewürdigt zu haben, sagt von dieser Marmorbüste: «Schwerlich wird sich eine andere Büste ausfindig machen lassen, welche in gleichem Maße die eigenthümlichen Vorzüge der besten Quattrocentowerke in sich vereinigt: Meisterschaft in der Behandlung des Materials, geschmackvolle Auffassung, vollendete Durchführung und strenge Zeichnung.» Die Büste gehört keineswegs zu jenen überwältigenden oder bezaubernden Werken, wie etwa Donatello's Uzzano oder die fälschlich dem Raphael zugeschriebene Mädchenbüste im Museum zu Lille. Vielmehr sind die nicht eigentlich schönen Züge der jungen Dame ebenso treu als anspruchslos wiedergegeben: der Künstler hat weder die etwas schiefe Kopfhaltung noch die schräg stehenden Augen mit ihren halb geschlossenen Lidern zu verdecken gesucht. Aber die höchst geschmackvolle Anordnung bis zu dem aus demselben Marmorblock gearbeiteten Sockel mit seinen feinen Profilen und seinen zierlichen Reliefs, sowie die höchste Delicatesse in der Behandlung, welche in der Politur bis zu einem gewissen Grade sogar die Wirkung eines zarten Teints erreicht, geben der Büste einen Reiz züchtiger Weiblichkeit, wie ihn kein zweites Werk in diesem Maße aufzuweisen hat. Ursprünglich wurde dieser Reiz noch erhöht durch Bemalung und Vergoldung einzelner Theile der Büste: die Blumen des Brokatkleides und das Band im Haar waren farbig, der Gewandsaum war vergoldet, wie noch jetzt die Ueberreste beweisen, und die Brust zierte ein Schmuck aus edelem Metall (vgl. die Heliographie auf Tafel I).

Jener eigenthümlich müde Ausdruck, welcher durch die halbgeschlossenen Augenlider hervorgebracht wird, kommt wohl nicht allein auf Rechnung der Individualität; wir finden denselben bei einer ganzen Reihe gleichzeitiger Marmorbüsten junger Florentinerinnen, während gelegentlich andere Bildnisse derselben Personen uns diese mit weit geöffneten Augen vorführen. Die Künstler haben damit, so scheint es, einer allerdings sonst nicht nachweisbaren Anschauung ihrer Zeit entsprechend, den Ausdruck des jungfräulich Sittsamen und Bescheidenen wiedergeben wollen. Ausnahmsweise kommen diese halbgeschlossenen Augen auch bei gemalten Bildnissen des Quattrocento vor; so bei dem schönen Bildnifs des Giuliano de' Medici von Sandro Botticelli in der Berliner Galerie.

Jene Büsten verdienen hier wenigstens kurz aufgezählt zu werden, da sie unter sich wie mit der Büste der Marietta so sehr verwandt sind, dafs vielleicht eine direkte Beziehung zu derselben bei ihnen angenommen werden darf; und zwar vermuthlich in Anlehnung an die Marietta als ein besonders anziehendes Vorbild. Es sind, soweit mir bekannt, die folgenden Marmorbüsten. Im Besitze von Alessandro Castellani in Rom die schöne Büste einer jungen unbekannten Dame, vor einigen Jahren in Neapel erworben; sie gleicht bis auf den Sockel, welcher jedoch mit anderen, gleichfalls sehr reizvollen Reliefs verziert ist, so sehr der Büste der Marietta, dafs man sie beim ersten flüchtigen Blick für eine Wiederholung derselben zu halten versucht ist. Ferner die jugendliche Frauenbüste der Ambraser-Sammlung in Wien, von besonderem Interesse durch die gute Erhaltung der alten Bemalung; die Büste der Gattin des Federigo von Urbino, Battista Sforza, im Bargello; eine ähnliche Büste von Matthias Corvinus' junger Gemahlin, Beatrice von Aragon, im Besitze von Herrn Gustave Dreyfuss in Paris; eine weibliche Büste im Louvre; endlich drei Marmormasken, von denen die eine im Besitze von Baron Hector Garriod in Florenz, eine zweite in dem Museum des Hospitals zu Villeneuve-lez-Avignon, die dritte hier nebenstehend reproducirte Maske jetzt Eigenthum der Berliner Sammlung ist.

Diese Masken würden, wenn sie als solche gearbeitet wären, ein merkwürdiger Beweis sein, bis zu welchem Grade von Raffinirtheit das Quattrocento in der plastischen Wiedergabe des Bildnisses gegangen ist. Da sie nur das Gesicht wiedergeben, könnten sie nur als Einsatzstücke in Büsten oder Grabfiguren von gewöhnlicherem Material gedient haben. Aber die genaue Untersuchung der Rückseite der Berliner Maske ergiebt, dafs die Bearbeitung dieser Seite eine verhältnifsmäfsig moderne, sowie dafs die Maske der Ueberrest einer vollen Büste ist, welche man abgearbeitet hat, muthmafslich weil der Hinterkopf befchädigt war. Dies läfst fich aus einem alten grofsen Bohrloche fchliefsen, das jetzt halb frei liegt, und welches urfprünglich in der Mitte der Büfte von unten aus zur Befeftigung derfelben auf einem Sockel eingetrieben war. Mit grofser Wahrfcheinlichkeit dürfen wir

wohl dasfelbe auch für die Maske im Befitze von Baron Garriod annehmen; unterfuchen konnte ich diefelbe leider nicht, da fie mit der Rückfeite angefchraubt war. Die Maske im Mufeum zu Villeneuve-lez-Avignon macht mir, nach dem Gipsabguffe, welchen die Berliner Sammlung befitzt, den Eindruck, als ob fie eine in Marmor ausgeführte Copie einer Todtenmaske fei.

Uebrigens fcheint es beinahe, als ob das fünfzehnte Jahrhundert auch die Verwendung von Perrücken bei Büften gekannt habe, wenn auch wahrfcheinlich aus rein künftlerifchen und nicht aus Moderückfichten. Ob diefe jedoch, wie die der fpäteren römifchen Kaiferzeit, in Stein gearbeitet waren, mufs ich dahingeftellt fein laffen. Wenigftens find an jener oben genannten Frauenbüfte des Louvre fowohl als an der Büfte der Beatrice bei Herrn G. Dreyfufs die Haare flach und nur angelegt, fodafs man die Bedeckung mit einer Perrücke annehmen mufs, wenn man nicht, was der farbigen Ausschmückung der Büste im Quattrocento mehr entspräche, an den Aufsatz irgend einer Kopfbedeckung denken will.

Kehren wir noch einmal zu der Büste der Marietta Strozzi zurück. Die Geschichte dieser jungen Florentinerin ist uns namentlich durch Cesare Guasti's für das intime Familienleben in Florenz während des fünfzehnten Jahrhunderts sehr verdienstvollen Buch, Lettere di una gentildonna fiorentina ziemlich genau bekannt. Marietta war die Tochter des Lorenzo di Palla Strozzi, welcher 1451 — als Marietta drei Jahre alt war — in der Verbannung starb. Ihre Mutter Alessandra dei Bardi, welcher Vespasiano da Bisticci als der Krone unter den Frauen von Florenz in seinen «Vite di uomini illustri del secolo XV» eine besondere Biographie widmet, gab sie zu ihrem Onkel Giovanni Francesco Strozzi nach Florenz. Hier im Hause des reichen Bankiers fand die aufblühende junge Schönheit Verehrer und Freier unter den Söhnen der vornehmsten Familien von Florenz; unter ihnen Giovanni Tornabuoni, der bekannte Schwager des Lorenzo Magnifico, und Bartolommeo Benci, welcher Marietta zu Ehren einen grossartigen Festzug veranstaltete. Aber die Mutter konnte sich nicht entschliessen, die Hand ihrer Tochter einem Feinde ihres Hauses zu geben. Da machte Giovan Francesco plötzlich nach Cosimo's Tode 1464 Bankerott, und zwar unter so schimpflichen Umständen, dass er sich zur Flucht genöthigt sah. Die Freier zogen sich nun auch von der Pflegetochter zurück, die mit ihrem Onkel nach Ferrara geflohen war, wo auch ihre Mutter lebte. Hier fand sie, nachdem auch ihr Verwandter, Lorenzo Strozzi, Bruder des bekannten Filippo, nach jahrelangem Zaudern auf ihre Hand verzichtet hatte, mehrere Jahre später einen Gatten unter den Günstlingen des Borso d'Este, Teofilo Calcagnini aus Ferrara. So nennen ihn wenigstens Vespasiano und Litta, während die Inschrift an dem vor etwa vierzig Jahren im Pal. Strozzi angefertigten Sockel der Büste einen Celio Calcagnini als Gatten der Marietta angiebt. Marietta wurde nach Guasti's Mittheilung im Jahre 1448 geboren; mithin stand sie, als Desiderio am 16. Januar 1464 starb, erst im sechszehnten Lebensjahre. Damit scheint ihr Alter in der Büste nicht übereinzustimmen; die Dargestellte erscheint hier vielmehr nahezu als eine Zwanzigerin. Doch möchte deshalb allein ein Zweifel an der richtigen Benennung der Büste kaum gerechtfertigt sein. Denn einmal haben wir eine Südländerin vor uns, bei welcher wir in Bezug auf die jungfräuliche Reife einen anderen Maßstab anlegen müssen; andererseits muss berücksichtigt werden, dass der Plastik nicht im gleichen Grade, wie der Malerei die Mittel zu Gebote stehen, um die feinen Unterschiede des Uebergangs vom Mädchen zur reifen Jungfrau völlig wiederzugeben.

Für Defiderio war übrigens diefe junge Strozzi in ihrem ftummen Ausdruck, ihrem zurückhaltenden Wefen und ihrer gemeffenen Haltung kein Typus ganz nach feiner Wahl. Ein folcher fcheint fich in einer zweiten Marmorbüfte eines jungen Mädchens in der Berliner Sammlung vgl. die Heliographie auf Tafel II, auf den erften Blick zu verrathen, für welche wir fchon deshalb die Autorfchaft Defiderio's mit Wahrfcheinlichkeit in Anfpruch nehmen dürfen. In Bildung und Ausdruck entfpricht fie ganz jenen fchlanken, fröhlich ausfchreitenden Jünglingen, beinahe mädchenhaften Geftalten, welche auf dem Grabmal Marzuppini die Guirlande tragen, fowie jenen kandelaber-tragenden Knaben mit ihrem holdfeligen, halb fchelmifchen Lächeln, welche zur Seite des Tabernakels in San Lorenzo ftehen. So treffend, fo lebensfrifch und reizvoll giebt uns keine andere Büfte das Bild der jungen vornehmen Florentinerin jener Zeit. Die fchlanken, gefchmeidigen Formen, der lange aber fein bewegte Hals, die hohe gewölbte Stirn, welche durch das fcharfe Zurückkämmen der Haare fich faft bis zur Mitte des Schädels erftreckt, das einfach aber dabei fehr gefchmackvoll geordnete und gefchmückte Haar, die hochgewölbten Augen, das etwas aufgeworfene Näschen, die fchön gefchwungenen Lippen, die fich wie zu einer fchelmifchen Bemerkung öffnen: alles athmet Natur, echte Weiblichkeit und heitere Lebensfrifche, womit noch der individuelle Zug eines höchft lebhaften, zum feinen Spott geneigten Geiftes fich verbindet. Leider fehlt jeder Anhalt zur Beftimmung der Perfönlichkeit.

Eine dritte Marmorbüfte fchliefst diefen Kreis von Bildniffen florentiner Jungfrauen, in denen das Berliner Mufeum einen ganz einzigen Schatz befitzt. Wieder derfelbe Typus, die verwandten Züge und der ähnliche lebendige, heitere, halb fchelmifche Ausdruck, den die in der beiftehenden Abbildung gewählte Profilanficht befonders reizvoll und fcharf ausgeprägt wiedergiebt. Zugleich bietet diefe Anficht in dem vollftändig fichtbaren Haarfchmuck ein Zeugnifs mehr, wie jene Zeit felbft in der Mode danach ftrebte, die natürliche Schönheit auf das gefchmackvollfte zu heben und zur Geltung zu bringen.

Diefe Büfte ift, wie die vorgenannte, 1842 durch Waagen in Florenz mit der Sammlung des Marchefe Orlandini erworben. Beide Werke führten dort den Namen Donatello; aber diefe kleinere Büfte verräth noch deutlicher, als jene, in ihrer eigenthümlichen Arbeit ihren Meifter, fodafs fchon Waagen die Vermuthung ausfprach, fie könne von Mino herrühren. In der That ift Mino da Fiefole uns durch fo zahlreiche bezeichnete Werke bezeugt, fein Styl hat durch die eigenthümliche Stellung, welche er — fchon damals wie noch heute unter den gleichzeitigen Bildhauern der Liebling des Publicums — als grofser Unternehmer und Schnellarbeiter unter den florentiner Bildhauern aus der zweiten Hälfte des Quattrocento einnimmt, so eigenartige und augenfällige, weil theilweife an's Manierirte ftreifende, Kennzeichen, dafs keiner unter feinen Zeitgenoffen auch für das Laienauge fo leicht kenntlich ift wie Mino.

Die hervorragendste Thätigkeit des unglaublich rafch fchaffenden Künstlers war dem Portrait gewidmet, wenigstens im weiteren Sinne, sofern wir auch die Grabmonumente mit darunter verstehen. In derselben fand fein Talent offenbar feinen richtigen Wirkungskreis. Während die Berliner Büfte der jungen Florentinerin die einzige uns bekannte weibliche Büfte von Mino's Hand ift, laffen fich beinahe ein Dutzend Männerbildniffe von ihm nachweisen, darunter die Hälfte mit seiner Namensbezeichnung. Auch die Berliner Sammlung besitzt eine dieser Büsten, wohl die grofsartigste von allen und zugleich von besonderem Interesse als die früheste bekannte Arbeit des Meisters. Es ist dies die aus dem Palast Strozzi stammende grofse Marmorbüste des Niccolò Strozzi vgl. die Heliographie auf Tafel III. Sie ist unterwärts bezeichnet: NICOLAVS DE STROZIS. IN VRBE A. MCCCCLIIII. OPVS NINI sic.

Hatte jene weibliche Büste ihren Reiz in der naiven Auffassung und der liebevollen Sorgfalt der Detailbehandlung, wobei sich freilich in dem Kostüm schon jene dem Mino eigenthümliche scharfe Brechung und kleinliche Anordnung der Falten zeigen, so fesselt die Büste des Niccolò Strozzi durch eine Gröfse in der Auffassung der Persönlichkeit und eine Breite in der Behandlung, die Mino in keinem zweiten Werke wieder erreicht hat. Freilich galt es für den jungen Künstler, der 1454 erst dreiundzwanzig Jahre alt wurde, sich mit der Arbeit für einen so angesehenen und reichen Mann, wie Niccolò Strozzi, einen Namen zu machen. Auch war dieser wohl die Persönlichkeit, einen Künstler zu einer aufserordentlichen Leistung zu reizen. Niccolò ist eine der charakteristischsten Erscheinungen, welche das Exil grofs gezogen hat. Bekanntlich war die Verbannung hochgestellter Bürger unmittelbare Folge jeder gröfseren oder kleineren Umwälzung, die sich im Regimente der florentinischen Republik vollzog, eine an sich allerdings verwersliche und beklagenswerthe politische Mafsregel, aber für die Entwickelung und Gröfse von Florenz von höchster Bedeutung. In der Heimath war sich der Florentiner mitten im Glück, im Regimente selbst doch vollkommen bewufst, dafs jede politische Veränderung ihm die Verbannung bringen konnte; er mufste daher darauf bedacht sein, jeder Zeit und aller Orten nur aus eigener Kraft sich durchschlagen zu können. In der Verbannung aber war, mochte er mit Gewalt ausgetrieben sein oder freiwillig das Exil gewählt haben, sein ideales Ziel, das ihm unverrückt vor der Seele stand und in allem Unglück aufrecht erhielt, die Rückkehr in die Heimath. Hier in der Fremde bildete sich nicht nur der Charakter der Verbannten und gewannen manche unter ihnen grofses Vermögen; sie lernten auch in und von der Fremde und prägten dadurch dem florentiner Charakter einen kosmopolitischen Zug auf, welchen wir damals selbst in Italien in keiner anderen Stadt ähnlich entwickelt sehen.

Niccolò war mit seinem Vater Leonardo und mit seinen Brüdern verbannt worden, als Cosimo de' Medici nach einjähriger Verbannung 1434 wieder zurückkehrte, um fortan dauernd das Regiment in Florenz zu führen.

Zunächst in Brügge in ein florentiner Bankhaus aufgenommen, begründete er in der kurzen Zeit von etwa anderthalb Jahrzehnten selbständige Banken in London, Barcelona, Avignon, Neapel und schliefslich in Rom und legte dadurch den Grund zu jenem enormen, dem Mediceer-Besitz nahekommenden Vermögen, zu dessen Erben er — da er, wie seine beiden Brüder, unverheirathet war — seine Neffen Lorenzo und den berühmten Filippo, seine Schutzbefohlenen in der Verbannung, einsetzte. Niccoló starb in Rom Ende des Jahres 1469. In Santa Maria sopra Minerva, wo er bestattet wurde, ist noch heute über dem einfachen Grabe die rühmende Grabschrift erhalten:

NICOLAO STROZZIO LEONARDI FILIO.
ROMA MIHI TRIBVIT TVMVLVM
FLORENTIA VITAM.
NEMO ALIO VELLET NASCI
ET OBIRE LOCO.
MCCCCLXVIIII.

Der überlegene, schlaue, rücksichtslose Charakter spricht sich unverhohlen in der Büste Mino's aus; die Formen aber: der birnenförmige Kopfbau, die fleischigen Wangen und das Doppelkinn verrathen, was die Geschichte des Mannes berichtet, dass er nämlich an der Fettsucht litt, die ihn schon verhältnifsmäfsig in jungen Jahren in Barcelona dem Tode nahe brachte.

Die Inschrift der Büste ist von hervorragendem Interesse für die Geschichte des Künstlers. Nicht nur ist sie die früheste unter allen Inschriften auf den Werken Mino's, welcher sich hier noch als ein Zeitgenosse seines grofsen Landsmannes Donatello bewährt; wir erfahren dadurch auch von einem ersten Aufenthalt des Mino in Rom, wahrscheinlich vorwiegend zu Studienzwecken. Ein zweiter Aufenthalt des Künstlers in Rom, im Jahre 1463, scheint nur von kurzer Dauer gewesen zu sein: Mino wurde damals nach Rom berufen, um für Pius II. eine Kanzel in der Peterskirche anzufertigen, welche muthmafslich beim Neubau derselben mit zerstört wurde. Der letzte Aufenthalt des Künstlers, während dessen weitaus der gröfste Theil seiner zahlreichen Arbeiten in Rom ausgeführt wurde, und der sich daher über mehrere Jahre ausgedehnt haben mufs, fällt erst in die letzte Zeit seines Lebens.

Fast gleichzeitig mit jenen beiden Familienbüsten aus dem Palazzo Strozzi wurde in Florenz die Marmorbüste eines jungen Mannes für die Berliner Sammlung von der Familie Berte, den Erben der Guadagni, erworben vgl. die Heliographie auf Tafel IV. Wahrscheinlich stammt diefelbe alfo aus Palazzo Guadagni, dem fchönen Bau des Cronaca an der Piazza di Santo Spirito. Bei dem letzten Befitzer trug die Büfte den Namen Benedetto da Rovezzano. Allein fchon das Koftüm des Dargeftellten weift darauf hin, dafs diefelbe nicht im Anfange des Cinquecento entftanden fein kann, wie dies nach der Lebenszeit des Rovezzano der Fall fein müfste, fondern vielmehr etwa in den fiebziger Jahren des Quattrocento gefertigt fein mufs. Dies geht auch aus Auffaffung und Behandlung der Büfte hervor. Der Dargeftellte, ein Mann in mittleren Jahren mit regelmäfsigen aber unbedeutenden Zügen, ift mit der ganzen Naivetät und Treue wiedergegeben, welche gerade diefer jüngeren Epoche der Quattrocentokunft eigenthümlich ift. Die linkifche Haltung, die fich in der leichten Neigung des Kopfes ausfpricht, die kleinlichen Formen, das Alter, welches fich vorzeitig in zahlreichen kleinen Fältchen und Runzeln ankündigt, der fpärliche Haarwuchs, welcher die fchmale Schädelbildung und die abftehenden Ohren doppelt fichtbar macht, der blöde Blick find ohne die geringfte Verfchönerung und felbft ohne das Beftreben, diefelben durch Haltung oder Auffaffung irgendwie zu mildern, zum Ausdruck gebracht. Und doch fchreckt die Büfte den Befchauer keineswegs etwa ab oder langweilt ihn. Die pfychologifche Treue und anatomifche Richtigkeit, fowie der Gefchmack und die künftlerifche Vollendung, mit welcher alle diefe Züge wiedergegeben und vorgetragen find, geben ein fo vollftändiges, ein als Kunftwerk fo gefälliges Bild einer in fich abgefchloffenen Individualität, dafs der Blick des Laien mit Freude auf dem Werke ruht, während der Künftler mit fteigendem Intereffe fich in alle ihre Einzelheiten und in die meifterhafte Behandlung derfelben vertieft.

Wenn diefe verfchiedenen Merkmale die Entftehung der Arbeit zweifellos in die zweite Hälfte des Quattrocento verweifen, fo wird durch jene anfpruchslofe und naive Wiedergabe der Individualität, die zu Liebe fchärfer ausgeprägter Eigenheiten oder gar Manier in der Behandlung des Marmors vermieden ift, die Beftimmung des Autors aufserordentlich erfchwert. Zwar ein florentiner Meifter aus dem Kreife der Marmortechniker der zweiten Hälfte des fünfzehnten Jahrhunderts prägt fich deutlich genug in der ganzen Auffaffung und in der gefchickten Behandlung des Marmors aus; aber welcher von ihnen? Mino ift von vornherein ausgefchloffen, da fich hier keine feiner Schärfen und Härten finden, weder feine knitterigen Falten noch fonftige Eigen- und Unarten. Für Defiderio fcheint mir die Auffaffung nicht ganz frifch und intim genug. Ebenfo fehlt der Arbeit die eigenthümliche Weichheit, welche Benedetto da Majano leicht kenntlich

macht. Wohl aber hat fie wefentliche Eigenthümlichkeiten gemein mit den
beiden Büften, welche nach ihren Infchriften mit Sicherheit dem Antonio
Roffellino zugefchrieben werden dürfen, der leider fehr verwitterten Büfte
des Matteo Palmieri im Bargello vom Jahre 1468 und namentlich der des
Arztes Giovanni di San Miniato von 1456 im South Kenfington Mufeum
zu London. Auch hier findet fich diefelbe treue Wiedergabe jeder kleinen
Falte und jedes gefchwollenen Aederchens, die gleiche Behandlung des
kurz gefchorenen Haares, die gleiche Anordnung des Gewandes mit feinen
tief unterfchnittenen Falten.

Während die bisher betrachteten Büften fich ihrer Arbeit nach, wie
nach den Perfönlichkeiten, foweit diefe bekannt find, fämmtlich als Werke
florentiner Bildner bekunden, weift die koloffale Marmorbüfte eines Papftes,
welche die beiftehende Abbildung uns vorführt, von vornherein nach Rom
als dem Orte ihrer Entftehung. Freilich ift damit noch keineswegs gefagt,
dafs fie auch das Werk eines römifchen Künftlers ift. Vielmehr, wie Rom
von Alters her der Anziehungspunkt für talentvolle Künftler von nah und
fern gewefen ift, felbft aber kaum Einen nur leidlich begabten Künftler,
gefchweige einen erften Meifter hervorgebracht hat, fo wurden auch für
die Ausführung der plaftifchen Arbeiten unter den Päpften vorzugsweife
Ausländer, namentlich Florentiner herangezogen. Aber mit florentinifcher
Kunft hat diefe Büfte nichts zu fchaffen; das lehrt fchon ein oberflächlicher
Blick auf diefelbe. Dazu ift die Haltung zu wenig belebt, und fehlt den
Zügen einerfeits die liebevolle Vertiefung in die Details, andererfeits aber
der grofse Sinn für die Zufammenfaffung derfelben in der Wiedergabe der
Gefammterfcheinung. In dem Beiwerk, den Stoffen, den Steinen der Tiara
u. f. f., vermiffen wir jene florentinifche Meifterfchaft in der Charakteriftik
des Materials wie den Gefchmack in der Anordnung. Diefe etwas fchablonenhafte Andeutung des Stofflichen, die mehr oberflächliche Wiedergabe
der individuellen Eigenthümlichkeiten und die etwas leblofe Auffaffung und
Haltung, mit welcher fich aber eine gewiffe typifche Gröfse verbindet, find
charakteriftifche Merkzeichen der zahlreichen römifchen Grabmonumente
eines Paolo Romano und der ihn umgebenden und nachfolgenden römifchen Meifter.

In der Papftbüfte zeigen fich diefe Merkmale zwar in befonders ausgeprägter, aber auch befonders vortheilhafter Weife. Jene gewiffe Allgemeinheit gegenüber gleichzeitigen florentiner Portraitbüften, welche mit
zur monumentalen Wirkung der Büfte beiträgt, hat auf den Gedanken ge-
führt, hier könne das Idealbild eines Papftes, könne Innocenz der Grofse

dargestellt sein. Allein die Züge scheinen mir individuell genug, um zunächst wenigstens unter den Päpsten aus der zweiten Hälfte des fünfzehnten Jahrhunderts — denn dieser Zeit gehört die Büste nach Auffassung und Behandlung zweifellos an — nach Vergleichen für den Dargestellten zu suchen. Die Büste, welche im Jahre 1846 im Kunsthandel zu Berlin für 160 Thaler erworben wurde,

galt damals als das Bildnifs des Papstes Paul's II. Barbo; neuerdings ist daneben der Name Alexander's VI. Borgia genannt worden. Von beiden Päpsten haben wir die bekannten trefflichen Schaumünzen. Nach dem Vergleich derselben scheint mir Paul II., für welchen sonst der Charakter der Arbeit sprechen würde, geradezu ausgeschlossen, da auf seinen zahlreichen Schaumünzen das vorspringende Kinn mit der Richtung aufwärts gegen die stark gebogene Nase charakteristisch ist. Dagegen ist mit den Zügen, die uns das Profilrelief auf Caradosso's charaktervoller Schaumünze des Papstes Alexander's VI. zeigt, eine entschiedene Aehnlichkeit vorhanden. Leider ist das kleine Wappenschild an der Agraffe auf der Brust nicht ausgefüllt worden, wenn es nicht etwa ursprünglich gemalt war und die Farben verloscht sind.

In die Marmortechnik des fünfzehnten Jahrhunderts gestatten uns die fertigen Bildwerke wenigstens einen Einblick; auf's Deutlichste liegt dieselbe aber in einer Reihe unfertiger Marmorsculpturen zu Tage, deren auch die Berliner Sammlung ein interessantes Stück in der Reliefsigur des Glaubens von Mino besitzt. Die breite Art der Anlage und die Sicherheit in der Behandlung, ebenso wie die durch die erhaltenen Werke bestätigte Ueberlieferung, dass die älteren italienischen Bildhauer ihre Marmorarbeiten zum guten Theil eigenhändig ausführten, legen den Gedanken nahe, die Bildhauer des Quattrocento hätten, wie Michelangelo, in der Regel nur nach kleinen Skizzen gearbeitet, nicht aber nach Thonmodellen in der Größe des Originals. Allein unter den ziemlich zahlreichen Thonsculpturen, welche uns diese Zeit hinterlassen hat, befinden sich verschiedene auch in Marmorausführung erhaltene Stücke; und zwar in der gleichen Größe. Wenn ich diese oft als Thonmodelle zu den Marmorarbeiten kennzeichne, welche selbstverständlich kleine Thonskizzen als erste Entwürfe wie deren namentlich das South Kensington Museum mehrere besitzt nicht ausschließen, so dürfen wir wohl daraus folgern, dass ein sehr beträchtlicher Theil, wenn nicht gar die meisten der auf uns gekommenen größeren Thonsculpturen nur Modelle für die Ausführung in Marmor oder Bronze waren oder wenigstens dafür bestimmt waren. Denn in manchen Fällen mag es — ähnlich wie z. B. bei den Reiterbildern im Dom von Florenz die geplante Ausführung in Bronzestandbildern unterblieb — bei dieser Anweisung auf die kostbare Ausführung sein Bewenden gefunden haben. Nicht nur die Rücksicht auf die Kosten, die in jener Zeit sehr wesentlich mitsprach, sondern auch die liebevolle Durchbildung, welche man diesen Modellen angedeihen ließ, mögen zuweilen mit dazu beigetragen haben, dass die Ausführung in Marmor unterblieb.

Auch bei der Portraitdarstellung ging in der Regel ein Thonmodell der Ausführung in Marmor voraus; für die Bronze konnte nöthigenfalls gleich das für den Guß erforderliche Wachsmodell nach dem Leben angefertigt werden. Diese Annahme legt schon die Rücksicht auf die wenigen

Sitzungen nahe, welche die Leute jener Zeit dem Künftler zu bewilligen pflegten. Eine folche Thonbüfte, die fich mit Sicherheit als das Modell für eine noch erhaltene Marmorbüfte nachweifen läfst, ift noch auf uns gekommen: die Thonbüfte des Filippo Strozzi im Berliner Mufeum, deren Marmorausführung der Louvre befitzt, vgl. die Radirung auf Tafel VI. Beide ftammen aus dem Palazzo Strozzi in Florenz. Die Infchrift unter der Büfte des Louvre giebt, was fich allerdings auch aus der Ausführung und Auffaffung wie aus äufseren Umftänden mit Sicherheit fchliefsen läfst, den Bildhauer Benedetto da Majano als den Verfertiger an. Auf Benedetto haben wir alfo zweifellos auch die Berliner Thonbüfte zurückzuführen. Damit wäre in den Büften der Berliner Sammlung — vorausgefetzt dafs wir die männliche Büfte aus Cafa Berte mit Recht dem Antonio Roffellino zugefchrieben haben — jener Kreis der grofsen florentiner Marmorbildner aus der zweiten Hälfte des fünfzehnten Jahrhunderts vollftändig vertreten. Freilich Benedetto nur in einem Modell. Allein diefes hat grade als folches nicht nur das befondere Intereffe, uns für jene Zeit über das Verhältnifs zwifchen dem Thonmodell und der Ausführung in Marmor aufzuklären, fondern es hat vor der letzteren noch die volle Frifche der unmittelbaren Naturanfchauung voraus, welche fich im Thon rafch und mit voller Freiheit zum Ausdruck bringen liefs. Der Vergleich der Modellbüfte mit dem Marmororiginal, welchen im Berliner Mufeum der Abgufs nach dem letzteren ermöglicht, ift daher fehr belehrend. Während fich in der Marmorbüfte eine nicht unwefentlich fpätere Ausführung mit Hilfe neuer Sitzungen des alternden und hinfiechenden Filippo verräth, zeigt die Thonbüfte nicht nur in den Zügen gröfsere Frifche: fie hat auch in der Haltung und Bewegung Verfchiedenheiten, welche fie vor der Marmorbüfte vortheilhaft auszeichnen. So in der leichten, fehr anmuthigen Neigung und Wendung des Kopfes, die fonderbarer Weife in der Marmorbüfte in eine völlig grade, etwas fteife Haltung abgeändert worden ift. Am ftärkften macht fich aber die Verfchiedenheit in der Ausführung geltend. Gegenüber der etwas trockenen und nüchternen Behandlung des Marmors, namentlich in der forgfältigen Art, wie die Falten der Stirn und die Furchen am Munde eingegraben find und das dünne Haar gleichfam eingekratzt ift, erfcheinen in der Thonbüfte die Züge bei aller Liebe in der Behandlung der Details frei und weich modellirt. Hier hat die Gefammtwirkung unter der Durchbildung der Einzelnheiten in keiner Weife gelitten. Die Erfcheinung wirkt grofs und frei; der befcheidene, ernfte Charakter ift in den feinen Formen mit grofser Anfpruchslofigkeit und doch höchft lebendig zum Ausdruck gebracht.

Zugleich erweitert uns diese Büste den Einblick, welchen die Berliner Sammlung uns bereits in den Portraits der Marietta und des Niccolò Strozzi in eine grosse Familie aus einer grossen Zeit zu thun die Gelegenheit bot. Sie führt uns das edelste Glied dieser Familie vor Augen, welches — in ähnlicher Weise wie Lorenzo Magnifico für die Familie Medici — den Ruhm seiner Familie begründet hat und recht eigentlich in sich zusammenfasst. Filippo di Matteo Strozzi, am 4. Juli 1428 geboren, hatte mit seinen beiden Brüdern schon als Knabe Florenz verlassen und in der Fremde sein Glück suchen müssen, da sein Vater bereits im Jahre 1435 in der Verbannung zu Pesaro, wahrscheinlich an der Pest, gestorben war. Im Jahre 1441 verliefs er die Vaterstadt, um in das Bankgeschäft einzutreten, welches sein Oheim oder richtiger der Vetter seines Vaters, Niccolò, damals mit zwei Brüdern zusammen in mehreren Haupthandelsplätzen des Auslandes betrieb. In wenigen Jahren war er aus dem Zweiggeschäft in Valencia in das von Barcelona und Brügge gekommen und schliefslich 1447 in das Hauptgeschäft des Niccolò in Neapel eingetreten. Als Niccolò später nach Rom übersiedelte, überliefs er das Bankgeschäft in Neapel an Filippo und dessen jüngeren Bruder Lorenzo. Lorenzo blieb hier bis zu seinem Tode 1479, Filippo bis ihm die Rückkehr nach Florenz möglich wurde. In Neapel hatte sich Filippo eine so einflufsreiche Stellung zu verschaffen gewufst, dafs sich König Alphons seiner vielfach zu Geldgeschäften bediente. Und da er auch niemals an politischen Intriguen gegen die Mediceer Theil genommen hatte, näherte sich Piero de' Medici dem Verbannten schon kurze Zeit nach Cosimo's Tode, um seine Stellung in Neapel zur Vermittelung bei König Alphons zu benutzen. Der glückliche Erfolg dieser Verhandlungen brachte eine weitere Annäherung und schliefslich im Jahre 1466 die Aufhebung der Verbannung. Ende November kehrte Filippo in die Heimath zurück, die er seit 25 Jahren nicht gesehen hatte. Kurze Zeit darauf vermählte er sich mit Fiammetta Adimari. Dem Piero wie dem Lorenzo de' Medici stand er fortan persönlich nahe, ohne selbst hervorragenden Antheil an den Staatsgeschäften zu nehmen. Seinen Kunstsinn bethätigte er durch die Wahl des Benedetto da Majano zum Baumeister seines Palastes, dessen Grundstein er 1489 legte. Gleichzeitig liefs er von dem vielseitigen Künstler auch sein Grabmonument für die Familienkapelle in Santa Maria Novella entwerfen, sowie seine Büste und wahrscheinlich auch die bekannte schöne Schaumünze modelliren. Eine tödtliche Krankheit, deren auffallende Erscheinungen die Aerzte seiner Zeit lebhaft beschäftigten, raffte ihn nach längerem Siechthum 1492, im Alter von 64 Jahren, hinweg.

Den Reiz der Berliner Büfte erhöht noch die bis auf das Gewand untadelhafte Erhaltung der alten Bemalung. Obgleich diefelbe mit der Zeit einen wefentlich tieferen, faft bronzefarbigen braunen Ton angenommen hat, läfst fich doch auch jetzt noch erkennen, dafs fie urfprünglich keine rein naturaliftifche war, fondern mit feinem Stilgefühl in einem hellen bräunlichen Ton gehalten war, weil es dem Künftler widerftrebte, das Material völlig zu verläugnen.

Denfelben feinen künftlerifchen Takt verräth eine andere gleichzeitige Thonbüfte der Sammlung, deren alte Bemalung gleichfalls noch erhalten ift (vgl. die Radirung auf Tafel VII). Sie wurde im Jahre 1876 auf die gnädige Anregung und Vermittelung Ihrer Kaiferlichen und Königlichen Hoheit der Frau Kronprinzeffin aus dem Palazzo Pepoli in Bologna erworben. Das kunftgebildete Auge der hohen Frau hatte diefelbe auf einem Kaminfims im Palazzo Pepoli entdeckt, wo fie unbeachtet ftand, nachdem der alte Befitzer geftorben war und fie nicht mehr, wie früher, als deffen Perrückenftock benutzt wurde. In einfach vornehmer Auffaffung der Perfönlichkeit, freier künftlerifcher Behandlung und feiner Bemalung fchliefst fich diefes Werk der Büfte von Filippo Strozzi unmittelbar an. Wer der Dargeftellte fei, ein bartlofer Mann in mittleren Jahren mit Filzkappe und im einfachen Hauskleide, wufste man im Palazzo Pepoli nicht mehr; mit Wahrfcheinlichkeit läfst fich aber wohl annehmen, dafs diefes alte Erbftück einen Vorfahren diefer grofsen Familie darftellt, welche Bologna beherrfchte, ehe die Bentivogli ihre Macht im fünfzehnten Jahrhundert brachen. Wohl aber hat fich für den Künftler in der Familie traditionell ein Name erhalten: Francesco Francia, der bekannte Maler und Goldfchmied, foll die Büfte verfertigt haben. Diefe Bezeichnung, die auf den erften Blick etwas Ueberrafchendes hat, ift trotzdem fchon in fich nicht unwahrfcheinlich. Denn Francia mufste als Goldfchmied wie als Stempelfchneider und Medailleur im Modelliren die gleiche Gewandtheit haben wie im Malen. Aber aufserdem befitzen wir auch ein zweites Bildwerk, das ftets als eine Arbeit deffelben gegolten hat und faft genau mit einer Münze von feiner Hand übereinftimmt: das fchöne vom Jahre 1497 datirte marmorne Reliefportrait des Giovanni Bentivoglio, des grofsen Gönners Francia's, in der Familiencapelle der Bentivogli in San Giacomo Maggiore zu Bologna.

Doch auch in der Auffaffung und Behandlung tragen diefes Marmorrelief fowohl als unfere Büfte, und zwar die letztere noch in höherem Mafse, in ausgefprochener Weife das Stilgepräge des Francesco Francia. Es find, neben verfchiedenen Stifterportraits auf Madonnenbildern, mehrere Bildniffe von der Hand des Künstlers erhalten, welche einen Vergleich mit der Berliner Büste ermöglichen; so der Vangelista Scappi in der Tribuna zu Florenz und der Mann in schwarzer Kappe beim Fürsten Liechtenstein in Wien. Schon äusserlich fällt die gleiche Tracht ins Auge, der gleiche Rock und die gleiche Kappe. Aber auch die Auffassung: die gesetzte, etwas pedantische Ruhe in der Haltung, namentlich des Körpers, das Absehen vom Detail und die Beschränkung auf die grossen Formen, der ruhige, ernste Blick, der geschlossene Mund, das regelmässig gelegte lange Haar, sind charakteristische Eigenthümlichkeiten der Büste sowohl als jener gemalten Bildnisse. Neben den Traditionen der biederen altbolognesr Schule giebt sich darin der Einfluss der umbrischen Schule, des Perugino wie des Raphael in seiner früheren Entwickelung, deutlich zu erkennen.

Farbigkeit dürfen wir bei den Thonarbeiten des fünfzehnten Jahrhunderts, welches ja auch den Marmor theilweise zu bemalen und zu vergolden liebte, als die Regel ansehen. Bei den meisten jetzt farblosen Thonbüsten dieser Zeit ist daher anzunehmen, dass die Bemalung gelegentlich abgewaschen worden. So vielleicht auch bei zwei geringwerthigeren und in ihrer Erhaltung keineswegs tadellosen Jünglingsbüsten im Berliner Museum, welche beide florentiner Ursprungs und der Richtung des Verrocchio verwandt sind. Doch ist deshalb nicht ausgeschlossen, dass auch unbemalte Thonbüsten vorkamen. So macht die Büste eines bejahrten Mannes, welche aus einer Villa im Venezianischen stammt und der Berliner Sammlung im Jahre 1875 zum Geschenk gemacht wurde, durchaus den Eindruck, als ob sie nicht bemalt gewesen, sondern nur eine leise Tönung erhalten habe, welcher sie ihren jetzigen bronzefarbenen Ton verdankt (vgl. die nebenstehende Radirung). Dafür spricht auch der gegenüber der coloristischen Richtung der ganzen venezianischen Kunst sehr auffallende Umstand, dass die wenigen sonst erhaltenen venezianischen Thonbüsten dieser Zeit gleichfalls unbemalt sind, sowie dass auch die venezianischen Bildhauer des sechszehnten Jahrhunderts ihre Thonbüsten nicht zu bemalen pflegten, wie namentlich die zahlreichen Büsten des Alessandro Vittoria beweisen. Für die Bestimmung des Dargestellten sowohl wie des Künstlers dieser venezianischen Thonbüste fehlt es uns an jedem Anhaltspunkte; ist uns doch überhaupt von keinem venezianischen Bildhauer des Quattrocento eine bezeugte Büste erhalten. Wohl aber lässt sich mit Sicherheit aus Auffassung und Behandlung auf venezianischen Ursprung schliessen, für welchen auch die Herkunft, sowie die Tracht, der Hausrock aus zottigem Fries, welchen Bronzespangen in Form von Bienen zusammenhalten, und das lange glatte

Haar fprechen. Diefe einfache, neben dem freien und grofsen Stil der
Florentiner faft etwas fchüchterne Auffaffung der Perfönlichkeit, die liebevolle
und treue Wiedergabe aller Details des gefurchten Gefichtes, die fchlichte
Behandlung des perrückenartig aufliegenden Haares find charakteriftifche
Zeichen für jene wenigen erhaltenen Büften venezianifcher Herkunft fowohl
wie für die Bildniffe auf den Gemälden der Bellini, Carpaccio u. f. f.

Ob diefe Büfte und die des Francia als Modelle für Marmorbüften
dienen follten, können wir jetzt nicht mehr entfcheiden. Keinesfalls dürfen
wir aus dem einen Beifpiele von Benedetto's Büfte des Filippo Strozzi
fchliefsen, dafs alle uns erhaltenen Thonbüften Modelle waren. Bei Francia
wäre die Anwendung von Thon fchon aus dem Umftande zu erklären, dafs
die Umgegend von Bologna fteinarm ift und daher die Architektur und
theilweife auch die Plaftik in Bologna fich mit Vorliebe des Thones bedienten;
haben wir doch fogar grofse Grabmonumente aus gebrannter Erde in den
Kirchen Bolognas. Doch auch davon abgefehen, werden wir gewifs einen
grofsen, wenn nicht den gröfsten Theil der alten Thonbüften als unabhängige,

nur um ihrer felbft willen gefchaffene Bildwerke betrachten dürfen. Bei der Billigkeit und leichten Herftellung fowie bei den Vorzügen, welche der Thon für die jener Zeit gewiffermafsen noch als ein Bedürfnifs erfcheinende Bemalung darbot, mufste die Anwendung diefes Materials, deffen fich fchon das Trecento gelegentlich bedient hatte, bei dem rafch fteigenden Bedürfnifs nach plaftifchen Bildniffen im fünfzehnten Jahrhundert fchnell in Aufnahme kommen. Konnte doch auch ein fehr mittelmäfsiger Bildhauer oder Steinmetz noch eine erträgliche und ähnliche Büfte liefern dank dem Hülfsmittel, welches die Todtenmaske, gelegentlich wohl auch die über den Lebenden gefertigte Maske darbot. Wie uns Vafari im Leben Verrocchio's berichtet, foll das fünfzehnte Jahrhundert die Herftellung der Todtenmaske erfunden haben; jedenfalls hat es diefelbe zuerft ausgenutzt. Nach derfelben Quelle verftand fchon Verrocchio über das Leben zu formen. Auch Vespafiano da Bifticci theilt uns mit, dafs Antonio Roffellino Kopf und Hände des Cardinals von Portugal für deffen Grabmal über den Todten formte. Wie einfach man dabei verfuhr, lehrt uns die intereffante Verwerthung der Todtenmaske Brunellesco's für eine unvollendete Thonbüfte deffelben in der Opera del Duomo zu Florenz. Hier ift die Maske einfach in Thon abgedrückt und dann find Hinterkopf und Hals flüchtig dazu modellirt. Während diefe Büfte nun zufällig unfertig blieb, hat man regelmäfsig — der gewiffenhaftere Künftler wohl mit Benutzung eines lebenden Modelles — die Züge des Todten in's Leben zurückübertfetzt, indem man die Augenlider öffnete, den Mund fchlofs und auch fonft die Spuren des eingetretenen Todes befeitigte. Da volle Wiedergabe der Individualität ein ausgefprochenes Bedürfnifs der Zeit war, fo haben deshalb, wie es fcheint, auch die gröfsten Künftler vor der unmittelbaren Verwendung diefes Hilfsmittels gelegentlich nicht zurückgefchreckt. Wenigftens verficherte mich Profeffor Hildebrandt in Florenz von Donatello's Büfte des Niccolò da Uzzano, dafs auch diefer grofsartig ftilifirte Kopf noch äufserlich die Spuren von der Verwendung einer Maske zeige.

In folcher Weife mögen wir uns in der Berliner Sammlung die bemalten Thonbüften des fogenannten Piero Soderini, eines unbekannten »Rechtsgelehrten«, fowie mehrerer Mitglieder der Familie Rucellai entftanden denken; Bildwerke, welche fämmtlich im Wefentlichen nur als Erinnerungen an die Züge der Dargeftellten ihren Werth haben.

Die Rückficht auf gröfstmögliche Billigkeit und leichte und rafche Herftellung mag neben dem Thon bald auch die Verwendung von hartem Stuck (stucco duro) oder feinem Gips für die Anfertigung von Büften veranlafst haben. Unter allen bemalten Büften, die meift für Thonbüften gehalten werden, würde wohl die Hälfte bei näherer Unterfuchung fich als bemalte Stuck- oder Gipsbüften herausftellen. Da gelegentlich völlig identifche Exemplare vorkommen und an diefen fich fogar noch Gufsnähte finden, fo ift kein Zweifel möglich, dafs wenigftens ein Theil folcher Büften Gipsabgüffe über Marmor- oder Bronzebüften oder deren Thonmodelle find. In der That laffen fich auch noch einzelne Originale von folchen bemalten Stuckbüften nachweifen; fo befindet fich die Marmorbüfte des fogenannten Macchiavelli, über der die Stuckbüfte der Berliner Sammlung abgeformt wurde, in dem Nationalmufeum zu Florenz. Auch von Benedetto's bekannter Marmorbüfte des Pietro Mellini in derfelben Sammlung befitzt das Berliner Mufeum einen folchen Abgufs, deffen Bemalung jedoch abgewafchen ift, weil diefelbe früher in den Gärten der Familie Strozzi dem Wetter ausgefetzt war. Die auf Seite 31 in Radirung wiedergegebene Büfte des Lorenzo Magnifico, welche den verfchloffenen, energifchen Charakter in feinen herben, faft abfchreckenden Zügen fo meifterhaft zum Ausdruck bringt, geht gleichfalls auf ein, jetzt verfchollenes oder verlorenes Marmororiginal zurück. Wenigftens find mir andere Wiederholungen an verfchiedenen Orten vorgekommen: fo in Cortham Houfe bei Lord Methuen, in Paris und in Italien.

Diefe bemalten Abgüffe von Büften fowohl als die weit zahlreicheren von Madonnenreliefs ftammen nicht etwa aus neuerer Zeit, fondern wohl faft regelmäfsig aus der Zeit der Originale. Wir haben uns diefelben als im Atelier der Künftler felbft hergeftellt und unter ihrer Afficht oder gelegentlich wohl gar von ihnen felbft bemalt zu denken. Dies ergiebt fich grade aus der Bemalung, welche, wo fie unberührt erhalten ift, durchaus den Charakter der Zeit und häufig ein ächt künftlerifches Gepräge trägt. Dadurch bieten uns diefe eigenthümlichen Nachbildungen, abgefehen von der Erinnerung, welche fie uns von zahlreichen verlorenen Originalen erhalten haben, noch das befondere Intereffe, dafs fie einen Blick in die Art der Bemalung von Bildwerken im Quattrocento thun laffen.

Wie die in gleicher Weife hergeftellten bemalten Madonnenreliefs find auch die Abgüffe nach Büften entftanden, um den Anforderungen des Publikums felbft für einen mäfsigen Preis gerecht zu werden: in dem einen Falle, um für Privatcapellen und Zimmer Gegenftände der Andacht zu liefern, im anderen Falle um Verwandten und Freunden des Dargeftellten eine möglichft treue Copie feines plaftifchen Abbildes zu verfchaffen. Welche Freude die Florentiner des fünfzehnten Jahrhunderts an dem Befitz folcher Portraitbüften hatten, und wie grofs die Nachfrage nach denfelben gewefen sein muſs, geht aus der Notiz Vasari's hervor, in Florenz sehe man in jedem Hause auf den Kaminen, Thür- und Fensterstürzen und Gesimsen zahllose solcher Büsten, so trefflich gearbeitet und so natürlich, daſs sie wie lebend erschienen.

Aus dieser Thatsache, daſs zahlreiche bemalte Stuck- oder Gipsbüsten Abgüsse sind, folgt jedoch keineswegs, daſs dieselben sämmtlich Abgüsse seien. Wie es einzelne Reliefs und selbst Statuetten in stucco duro giebt, welche die deutlichen Spuren tragen, daſs sie aus freier Hand mit Messern und ähnlichen Instrumenten aus der weichen Masse geschnitten sind, so lassen sich auch verschiedene Stuckbüsten nachweisen, welche in gleicher Weise selbstständige Erzeugnisse von Künstlerhand sind. Ein hervorragendes Beispiel dieser Art liefert die Büste einer jungen Florentinerin im Besitz von Lord Elcho in London, die sich den oben beschriebenen Marmorbüsten des Desiderio so nahe anschliesst, daſs sie vielleicht auf die Hand desselben Meisters wird zurückgeführt werden dürfen. Hier war der Stuck, wenigstens in den Fleischtheilen nicht bemalt, sondern polirt, wodurch er einen dem Marmor ähnlichen Eindruck macht. Auch die Berliner Sammlung besitzt eine solche Stuckbüste, die frei modellirt und geschnitten ist, die Büste des Giovanni Rucellai vgl. die Radirung auf Tafel VIII. Doch ist dieselbe bemalt und hat gerade in der alten, noch unberührten Bemalung einen grossen Theil ihres Reizes. Im Palazzo Rucellai zu Florenz, wo sie sich früher befand, nannte man den Dargestellten Palla Rucellai. Passerini's Familiengeschichte der Rucellai kennt zwei Mitglieder mit dem Vornamen Palla: Palla di Bernardo, der 1473 geboren wurde und 1543 starb, sowie zwei Enkel desselben, welche 1591 und 1595 starben. Unsere Büste stellt aber, nach der Tracht und ihrem künstlerischen Charakter, zweifellos einen Florentiner des fünfzehnten Jahrhunderts dar, und zwar fast noch aus der Mitte desselben. Jene Benennung muſs also auf einer Verwechselung beruhen.

Eine andere Familientradition giebt uns den Fingerzeig für die richtige Bestimmung der Büste. Danach würde sie eines der berühmtesten Mitglieder der Familie, den eigentlichen Begründer ihrer Grösse darstellen. Als solcher kann aber keiner von jenen Palla Rucellai gelten; dieser ist vielmehr anerkanntermaſsen Giovanni Rucellai, der Erbauer des Palastes Rucellai und des Oratorio in San Pancrazio, welcher durch den Architecten dieser Bauten, Leon Battista Alberti, auch die Fassade von Santa Maria Novella errichten lieſs. Mit dem Alter des Dargestellten und der Tracht würde diese Benennung jedenfalls übereinstimmen. Denn Giovanni di Paolo Rucellai wurde am 26. December 1403 geboren. Seine Geschichte ist der seiner

Zeitgenossen, der Medici, Strozzi u. a. sehr verwandt. Wie diese Familien, so war auch die der Rucellai oder Oricellari eine alte Bürgerfamilie, angeblich deutscher Herkunft. Sie gehörte zur Zunft der Wollenweber, wie schon ihr Name verräth. Diesen verdankt sie der Oricella, einer Pflanze, welche ein schönes Violet liefert, die bekannte Farbe für die Tracht der Vornehmen in Florenz; diese Pflanze wurde zuerst von einem der Rucellai aus dem Orient nach Italien eingeführt. Giovanni, der seinen Vater jung verlor, hatte das Glück, in das Bankgeschäft des grofsen Palla Strozzi aufgenommen zu werden und dessen Gunst so sehr zu gewinnen, dafs ihm dieser 1427 seine Tochter Jacopa zur Frau gab. Die Rückkehr des Cosimo de' Medici, über welchen das Exil wesentlich mit durch Palla Strozzi's Bemühungen ausgesprochen war, brachte mit der Verbannung seines Schwiegervaters auch den jungen Giovanni Rucellai lange Zeit der herrschenden Familie gegenüber in eine schwierige Stellung. Dieser hielt sich deshalb von jeder Einmischung in die Politik, von allen Intriguen gegen die Medici fern und lebte ausschliefslich seinen Privatinteressen, die er in seinem Bankgeschäfte, welches Commanditen in Lyon und Constantinopel hatte, so sehr förderte, dafs er bald zu den reichsten Florentinern zählte. Dies Verhalten gewann ihm allmälig das Vertrauen der Medici. Schon in den letzten Jahren des alten Cosimo wurde er wieder zu Staatsämtern herangezogen; und dem Piero trat er so nahe, dafs dieser dem Sohne des Giovanni Rucellai, dem bekannten Bernardo, 1466 seine zweite Tochter Nannina vermählte. Auch zu Lorenzo Magnifico scheint Giovanni eine ähnliche Vertrauensstellung eingenommen zu haben. Er starb am 29. October 1481.

Der Bestimmung des Künstlers, welcher die Büste fertigte, stellen sich grofse Schwierigkeiten in den Weg. Die Auffassung ist aufserordentlich lebensvoll. Die überraschende Individualität ist auch hier wohl mit Hilfe eines Abgusses über das lebende Modell erzielt worden; sie wird noch verstärkt durch die kräftige, höchst interessante Bemalung. Aber bei aller Gröfse der Auffassung, worin sie den Portraitgestalten auf Fra Filippo's Fresken in Prato nahe steht, ist dieselbe so schlicht, die Behandlung so anspruchslos, dafs sie uns allein kaum auf die Spur eines bestimmten Künstlers führen kann. Nur eine Vermuthung sei uns gestattet, die sich auf die erste Hypothese stützt, dafs Giovanni Rucellai der Dargestellte sei: sollte Leon Battista Alberti, der bevorzugte Baumeister und Jaher — nach seiner gesellschaftlichen Stellung und Bildung — wohl auch der Freund des Giovanni Rucellai, auch der Verfertiger dieser Büste sein? Jedenfalls ist sie seiner durchaus würdig. Und dafs Alberti auch als Bildhauer thätig war, dafür haben wir wenigstens noch ein plaftifches Zeugnifs, das in einigen wenigen Exemplaren, im Louvre und bei Herrn Guftave Dreyfufs in Paris, verbreitete kleine Reliefportrait des Künftlers in Bronze, welches, foweit fich Kleines mit Grofsem vergleichen läfst, denfelben fchlichten Naturalismus und die ähnliche Behandlung des Fleifches wie der Haare aufweift, die der Berliner Büfte charakteriftifch find.

II.

Ein ebenso wesentlicher Stilunterschied in der plastischen Darstellung des Bildnisses, wie durch das Material, ergiebt sich dadurch, dass das Bildnis entweder auf der Fläche oder frei in voller Rundung dargestellt werden kann, dass es also entweder als Reliefportrait oder als eigentliche Büste gegeben wird. In der italienischen Plastik ist die Büste die ältere Darstellungsart. Bei der Wiedergabe des Oberkörpers, der »Büste« des Menschen, sind wesentliche stilistische Unterschiede in der Auffassung ausgeschlossen; kleinere Verschiedenheiten ergeben sich jedoch daraus, ob der Künstler die Büste als Abschnitt oder Ausschnitt des Körpers — wenn ich so sagen darf — betrachtet. Während des Quattrocento ist ersteres für Büsten in Marmor oder in weicherem Material, letzteres dagegen für die Bronzebüsten fast die ausnahmslose Regel. Wie diese Form für die Bronze ohne Zweifel aus Rücksicht auf leichteren Guſs gewählt wurde, so war die erstere Form für weicheres und leichter zu bearbeitendes Material die naheliegendste und entsprechendste. Einmal weil die Persönlichkeit durch Wiedergabe des Oberkörpers oder eines Theiles desselben zugleich ihrem Körperbau nach charakterisirt werden konnte; sodann auch weil der flache Abschluſs aller Gesimse in der Frührenaissance, sowohl der Gesimse der Innenarchitektur des Hauses wie der Kamine und Möbel, auf welchen die Büsten zur Aufstellung gelangten, einen breiten, glatten Abschluſs derselben wünschenswerth erscheinen lieſs. Regel ist, daſs diese Büsten im oberen Theile der Brust, unmittelbar unter der Armhöhle abschneiden; doch kommen auch einzelne Büsten vor, in welchen der Körper nahezu in halber Figur gegeben ist, sei es ohne oder mit Wiedergabe der Unterarme. Für erstere Auffassung bieten die Berliner Büste des Giovanni Rucellai, für letztere Verrocchio's schöne Büste einer jungen Frau im Bargello hervorragende Beispiele.

Obgleich sich solche Büsten mit ihrer breiten glatten Schnittfläche auch ohne Untersatz aufstellen lieſsen, erschien ein solcher den Künstlern des Quattrocento doch als Erforderniſs, theils um die Büste dadurch zu heben, theils auch um ihr einen Abschluſs gegen das Möbel oder den Architekturtheil, auf dem sie zur Aufstellung gelangen sollte, zu geben. Diesen Sockel finden wir, namentlich bei florentiner Büsten von Desiderio, Mino u. A. mehrfach mit der Büste aus demselben Marmorblock gearbeitet. Wie zweckdienlich und geschmackvoll derselbe ausgeführt, und wie glücklich er doch zugleich in der Gliederung wie im Ornament untergeordnet wurde, zeigt sowohl die Büste der Marietta Strozzi wie die sehr reizvoll bemalte Thonbüste der H. Katharina von Siena, die erst kürzlich für das Berliner Museum erworben wurde.

Die Form der Bronzebüste ist die möglichst einfache und doch dabei sehr angemessen: an den Hals setzt ein hohler Ausschnitt der Brust an, der nach unten schmäler wird und auf einem kleinen Sockel befestigt ist. In dieser ursprünglichen Form erhalten ist namentlich Sperandio's schöne Büste seines Lehrers Mantegna in Sant' Andrea zu Mantua. Aber auch die beiden florentiner Bronzebüsten der Berliner Sammlung lassen trotz ihrer modernen Fassung die ähnliche ursprüngliche Anordnung noch erkennen.

Das fünfzehnte Jahrhundert hat auch einige merkwürdige Beispiele einer Art Uebergang von der freien Büste zum Reliefportrait aufzuweisen. Es sind dies perspectivisch verkürzte Büsten, die zur Aufstellung in flacher Nische an einem hohen Orte bestimmt waren. Eine solche befand sich bis vor Kurzem noch an ihrem ursprünglichen Platze im Treppenhause des Palazzo

Quaratesi in Florenz in Via Ghibellina, von wo sie nach Paris verkauft
worden ist. Eine ähnliche sienesische Marmorbüste ist aus dem Handel gleichfalls in Privatbesitz übergegangen. Die Büste im Palazzo Quaratesi zeigte,
dass an Ort und Stelle die Wirkung allerdings eine beinahe täuschende
sein konnte; da sich aber die gleiche Wirkung durch ein wirkliches Relief
besser erreichen liess, so ist die Idee keineswegs als eine besonders glückliche zu bezeichnen und daher auch nur selten ausgeführt worden.

Das Relief hat in der christlichen Plastik nicht die stetige Entwickelung gehabt, wie in der antiken Kunst. Vielmehr übernahm die Kunst im
Mittelalter, bei ihrer ersten selbständigen Regung in Italien, das Relief in der
Form, wie es sich ihr in der letzten Phase des Verfalles der Antike darbot,
und erst sehr allmälig entwickelte sich dasselbe daraus stilgemäss und den
Bedürfnissen entsprechend. Für das antike Relief hat Alexander Conze
neuerdings überzeugend nachgewiesen, dass sich dasselbe aus der Flächen-
malerei herausbildete, woraus sich die eigenthümliche Technik des griechischen Reliefs sowohl wie die lange dauernde Verbindung des Reliefs mit
der Malerei ergeben hat. Von einem solchen Herkommen finden wir im
italienischen Relief und insbesondere im Reliefportrait keine Spur, obgleich
das Trecento wie das Quattrocento seine plastischen Bildwerke noch durchaus
farbig dachte. Das Reliefportrait tritt hier erst, wie oben bereits bemerkt,
verhältnissmässig spät neben der Büste auf und zwar von vornherein mit
einem vorwiegend decorativen Zweck. Schon die alte Pisaner Schule hatte
Köpfe in Hochrelief — meist Heiligenköpfe, zuweilen von portraitartiger
Individualisirung — als Decoration in der Architektur, namentlich zur Füllung
von Feldern verwerthet. Ich nenne Santa Maria della Spina in Pisa als
besonders charakteristisches Beispiel. In ähnlicher Weise sind auch an Ghiberti's
östlicher Thür des Battisterio und an Luca della Robbia's Bronzethür der
Sakristei im Dom zu Florenz kleine, fast frei hervorspringende Brustbilder
in den Einrahmungen der Felder zwischen den Reliefs angebracht; unter
ihnen auch einige sehr lebensvolle Bildnisse. Aber erst in der zweiten Hälfte
des fünfzehnten Jahrhunderts erfand der Kultus der Persönlichkeit und die
Ruhmbegierde der Tyrannen wie der Vornehmen Italiens die billige und
reiche Verwerthung des Bildnisses in der Decoration; und zwar in der
mannigfachsten Weise je nach dem Platze: als Flachrelief oder Hochrelief,
im Profil oder von vorn, als Kopf, Büste oder Halbfigur u. s. f. Am reichsten
ist die in ihrer Decoration so überladene lombardische Architektur mit solchen
Bildnissen geschmückt; die Certosa in Pavia, die Capelle Colleoni am Dom
von Bergamo, der Dom in Como, das Ospedale Maggiore und verschiedene

andere Bauten in Mailand find überfäet mit Bildniffen von Mitgliedern der Herrfcherfamilie, von Geiftlichen und Stiftern, welche bunt untermifcht find mit portraitartigen Heiligenköpfen und Bildniffen von römifchen Kaifern, Gelehrten und berühmten Männern aller Zeiten, mit denen fich die Zeitgenoffen in ftolzem Selbftgefühl gern verglichen.

Die Sammlung des Berliner Mufeums hat verfchiedene folcher decorativer Reliefbildniffe von Mitgliedern der Familie Sforza aufzuweifen, die urfprünglich als Medaillons den Schmuck von Friefen oder Pilaftern an lombardifchen Bauten bildeten. Wie faft alle diefe decorativen Reliefbildniffe in der Lombardei, haben fie nur einen untergeordneten Kunftwerth.

Zu einer freieren künftlerifchen und ftiliftifchen Durchbildung gelangt das Reliefbildnifs wieder nur in Florenz und Venedig. Und zwar nimmt Venedig hierin einen felbftändigeren und bedeutenderen Platz ein als in der plaftifchen Darftellung der Büfte. Bekannt find die Medaillons mit dem Profilbildnifs des Dogen Lorenzo Loredan an den bronzenen Sockeln der Fahnenftangen auf dem Markusplatze. Ein ebenfo meifterhaftes, gleichfalls ganz flach gehaltenes Marmorrelief, wohl das Bildnifs eines venezianifchen Nobile und nicht des Giovanni Bellini, wie man annimmt, hat Herr Guftave Dreyfufs in Paris mit der Sammlung Timbal erworben. Ein Frauenbildnifs der Berliner Sammlung kommt diefen beiden Profilköpfen nahe. Gemeinfam ift diefen und ähnlichen Reliefbildniffen die Feinheit in der Modellirung bei ganz flacher Haltung und die aufserordentlich faubere Durchbildung. In der Auffaffung wie in künftlerifcher Vollendung ftehen fie den beften Bildniffen der gleichzeitigen venezianifchen Maler kaum nach. Jenes weibliche Profilrelief der Berliner Sammlung, welches die beiftehende Abbildung zeigt, gemahnt namentlich an die früheren Bilder des Carpaccio, in denen wir auch diefelbe auffallende Haartracht wiederfinden.

Einen intereffanten Vergleich zwifchen der venezianifchen und florentiner Auffaffung des Reliefportraits geftatten uns die beiden hier gleichfalls wiedergegebenen Profilbildniffe eines jungen Ehepaares, welche die Berliner Sammlung 1842 vom Marchefe Orlandini in Florenz erwarb. Wie das venezianifche Reliefbildnifs dienten fie offenbar zur Verzierung eines Thüroder Kaminfturzes, in deffen Decoration fie eingelaffen waren. Wie dies gefchah, davon giebt uns jenes, zwar nur handwerksmäfsig hergeftellte, aber doch mit feinem Gefühl erfundene florentiner Kamingefims ein Bild, welches auf Seite 36 wiedergegeben ist. Die Durchbildung ist in diesen florentiner Arbeiten von gleicher Vollendung, wie in jenen venezianischen Reliefbildnissen. Das Relief, obgleich ebenfalls flach gehalten, zeigt eine kräftigere Modellirung nach der Mitte zu. Die Auffassung trägt jenen der florentiner Kunst eigenen Charakter von Größe und Feinheit in der Wiedergabe der Individualität, verbunden mit einer Anmuth, welche einen Künstler wie Antonio Rossellino oder Benedetto da Majano verräth.

Diese beiden Bildnisse wurden namenlos gekauft und bis vor Kurzem als »unbekannt« in der Sammlung aufgeführt. Der eigenthümliche Kopf-

schmuck des Mannes, ein Eichenkranz im welligen Haare, den ich nur noch bei einem zweiten italienischen Bildnisse, bei dem Reliefporträt des Matthias Corvinus in der Ambraser Sammlung zu Wien, nachzuweisen im Stande bin, legt die Vermuthung nahe, dafs auch das Berliner Relief den-

felben darstelle. In der That sind die Züge sehr verwandte, nur um etwa
zwölf bis fünfzehn Jahre jünger. Auch der Schuppenpanzer, welchen wir

in beiden Portraits finden, pafst auf den streitbaren Ungarnkönig. Das
Gegenstück müfste dann seine Gattin darstellen, und zwar — nach dem
Alter des Matthias — feine zweite Gemahlin, Beatrice, Tochter König
Ferdinands von Arragon, welche er im Jahre 1476 heirathete. Die Züge
dieser Gemahlin sind uns in verschiedenartigen, durch gleichzeitige Unter-
schrift beglaubigten Bildniffen erhalten; als Gegenstück jener Reliefbüste
des Matthias in der Ambraser Sammlung, sowie als Marmorbüste im Besitz
des Herrn Gustave Dreyfus in Paris mit der Inschrift DIVA BEATRIX
ARAGONIA. Wir haben der Letzteren bereits bei Besprechung der Marmorbüste von Marietta Strozzi Erwähnung gethan.

Während nun das Wiener Bildnifs des Matthias, wie bereits erwähnt,
mit dem Berliner Reliefportrait, wenn man von der Verfchiedenheit des Alters
absieht, sich sehr wohl vereinigen läfst, weichen die Züge in der Büfte
der Beatrice, obgleich augenfcheinlich beinahe gleichalterig mit der auf dem
Berliner Relief Dargestellten, nicht unwesentlich von derfelben ab. Ebenso-
wenig stimmt aber auch das Wiener Relief zu der Büfte, obgleich die Unter-
fchriften auf beiden Arbeiten keinen Zweifel laffen, dafs ein und diefelbe
Perfon darin dargestellt sein solle. Namentlich zeigt das Ambrafer Relief
eine vorspringende und gewölbte Stirn, sowie eine etwas aufwärts gerichtete
Nasenspitze, während die Stirn in der Büfte bei Herrn Dreyfus auffallend
niedrig und zurücktretend erscheint, auch die Nase spitz zuläuft. Den Zügen
des Ambrafer Reliefs entfpricht nun im Wesentlichen das Berliner Relief;
dasselbe zeigt auch schon die Neigung zur Beleibtheit, welche sich bei der
etwa zwölf Jahre älteren Frau, wie sie in dem Wiener Reliefbildnifs erscheint,
bereits ausgebildet hat. Gemeinfam ist dagegen der Büfte wie den Reliefbildniffen das kurzgehaltene lockige Haar, welches in dem Berliner Relief
in dem Kranz von Winden wohl aus Goldemail, der sich unter den Locken

hindurchfchlingt, und in dem dicken Perlenkranz, den ein reichgefafster
Edelftein oben über der Stirn fefthält, einen reizvoll angeordneten Schmuck
erhalten hat. Als Gattin des Ungarnkönigs und Tochter des ftolzen Tyrannen
von Süditalien verräth fie fich auch in dem übrigen Schmuck: der breiten
fechsfachen Perlenkette und dem mit Perlen eingefafsten Edelftein, welcher
an der linken Schulter als Agraffe befeftigt ift.

Diefe Reliefbildniffe geben ein beredtes Zeugnifs für das Intereffe,
welches Matthias Hunyad bekanntlich an der italienifchen Kunft nahm. Noch
heute ift eine beträchtliche Zahl der Manufcripte erhalten, welche der König
in Italien fchreiben und mit Miniaturen von den erften Künftlern fchmücken
liefs; im Jahre 1480 arbeiteten nach urkundlichen Nachrichten die Bild-
fchnitzer Andrea und Francesco Cellini, die Oheime Benvenuto's, am Hofe
des Matthias; und Vafari erzählt uns ausführlich von dem Aufenthalte des
jungen Benedetto da Majano in Ungarn, der zuerft als Intarfiator, fpäter
als Bildhauer für den König befchäftigt war. Sollte Benedetto damals vielleicht jene beiden Profilportraits der Berliner Sammlung angefertigt haben,
die dann als Gefchenke des Ungarnkönigs nach Italien kamen? Mit der Zeit
ihrer Entftehung würde das übereinftimmen, da Benedetto, nach Vafari's An-
gabe, unmittelbar nach feiner Rückkehr aus Ungarn die Thür im Audienz-
faal des Palazzo Vecchio zu Florenz anfertigte, welche 1481 vollendet war.
Doch läfst der Umftand, dafs das Portrait des Matthias, im Gegenfatz gegen
das fehr individuelle Bildnifs der Gattin, etwas Allgemeines und Leblofes
hat, eher darauf fchliefsen, dafs die Reliefs in Italien angefertigt wurden,
und zwar das männliche nicht nach dem Leben. Diefe Thätigkeit italienifcher
Künftler in und für Ungarn, die unter dem Obergefpan Filippo Scolari,
dem bekannten florentiner Commis, welcher in Ungarn feine eigenthümliche
Carriere machte, begann und während des ganzen fünfzehnten Jahrhunderts
in reger Weife fortgefetzt wurde, verdiente, dafs derfelben an Ort und Stelle
recht bald einmal gründlich nachgegangen würde. Was der Schatz von
Gran aufzuweifen hat, ift bekannt. Auch jener fchone aus kleinen Elfenbein-
tafeln zufammengefetzte Altar, welcher erft vor kurzer Zeit aus Klofter-
Neuburg veräufsert wurde und jetzt auf Umwegen in das Louvre gekommen
ift, die Arbeit eines trefflichen florentiner Meifters unter Defiderio's und
Verrocchio's Einflüffen, kam vielleicht durch Matthias Corvinus an feinen
früheren Aufbewahrungsort.

Unter den Reliefbildniffen florentiner Urfprungs im Berliner Mufeum
ift eines, welches gegenftändlich wie ftiliftifch ein befonderes Intereffe
darbietet, das Portrait des Cofimo de' Medici, des »pater patriae« vgl. die

Radirung auf S. 47. Der Geschichte dieses Mannes, welchem Florenz die
Entfaltung seiner Glanzperiode, welchem die Mediceerfamilie die Grundlage
ihrer Größe und ihres Glückes verdankt, der für die künstlerische Entwickelung der Frührenaissance in Florenz von ähnlicher Bedeutung war, wie
für die politische Stellung der Stadt, brauchen wir hier nicht weiter nach-
zugehen: sie ist im Munde Aller, die Interesse für Italien und italienische
Kunst haben. In der Sammlung des Marchese Orlandini, aus welcher auch
jenes Werk stammt, galt es als eine Arbeit des Verrocchio und als das Hauptstück der ganzen Sammlung. Mit diesem Relief stimmen die verschiedenen
Miniaturportraits in den Manuscripten der Magliabecchiana, sowie die bekannte
Schaumünze und das interessante Modell einer solchen im Berliner Münz-
cabinet fast genau überein. Doch erscheint Cosimo in dem Relief etwas
jünger. Die Behandlung des Kopfes bezeugt eine Feinheit und Lebendigkeit
der Naturbeobachtung, die für eine Arbeit nach dem Leben sprechen, was
sich von jenen Schaumünzen und Miniaturbildnissen nicht mit gleicher Sicherheit behaupten läßt. Jedoch ist die Bestimmung des Meisters, bei der außer-
ordentlichen Bescheidenheit des Vortrags, sehr schwierig. Die Benennung
des früheren Besitzers würde mit dem Alter des Cosimo wie mit der
Stellung Verrocchio's zu der Familie Medici nicht im Widerspruch stehen.

Eigenartig ist, wie bereits erwähnt, auch der Stil des Reliefs: der Kopf
ist in einem außerordentlich starken Hochrelief gegeben, und obgleich er
im Profil erscheint, ist auch die hintere Seite des Gesichtes noch zur Hälfte
sichtbar. Offenbar beabsichtigte der Künstler das Relief auch an dem hohen
Orte, an dem es muthmaßlich angebracht war, noch zur vollen Geltung
zu bringen. Verwandte Beispiele der Reliefauffassung und zugleich Beweise
für die reiche Phantasie der florentiner Künstler bieten das Reliefsportrait
des Donato de' Medici im Dom zu Pistoja vom Jahre 1475, sowie namentlich die Reliefbildnisse berühmter Florentiner im Dom zu Florenz, welche
stilistisch bald den Uebergang zur Büste, bald zum Gemälde bilden — jede
für sich ein Beweisstück, dass das Quattrocento sowenig als die griechische
Kunst Stilrücksichten im modernen Sinne kannte.

Von einer bedeutsamen hiftorifchen Entwickelung des Bildniffes als Büfte und Reliefportrait kann vor dem fünfzehnten Jahrhundert kaum die Rede fein. Allerdings tritt die Portraitbüfte bereits im Anfange der felbftändigen italienifchen Kunft im dreizehnten Jahrhundert auf; allein bis zu ihrer glänzenden Entfaltung in der zweiten Hälfte des fünfzehnten Jahrhunderts nur ganz vereinzelt. Jene beiden merkwürdigen Marmorbüften füditalifcher Fürftinnen, von denen die eine noch an Ort und Stelle, an der Kanzel in Ravello, fich befindet, die zweite, hier im Abbild wiedergegebene, aus Scala vor einigen Jahren in die Berliner Sammlung gekommen ist, find zwar charakteriftifche Denkmäler der beginnenden «Protorenaiffance»; allein in Auffaffung und Technik geben fie zugleich ein Zeugnifs für die fchablonenhafte Nachahmung der Antike; und zwar in der letzten Bethätigung derfelben auf italienifchem Boden, der römifch-etruskifchen, dem Todtenkult gewidmeten Plaftik.

Der grofsartige Auffchwung der italienifchen Kunft in Giovanni Pifano und Giotto kam der Darftellung des Bildniffes nur wenig zu Statten. Die Künftler waren bemüht, nach dem Vorgange und im Geifte Dante's zunächft nach der inhaltlichen Seite, nach Erfindung und Compofition das neue geiftige Leben der Nation zum Ausdruck zu bringen, und hatten deshalb noch wenig Sinn und Blick für die Individualität und ihre Wiedergabe. Die Portraitauffaffung des vierzehnten Jahrhunderts veranfchaulicht die Abbildung der kleinen Büfte eines toskanifchen Edelmannes, eine der wenigen Büften diefer Zeit.

Dafs auch die idealiftifche Richtung, welche im fünfzehnten Jahrhundert im ähnlichen Geifte weiter zu fchaffen fuchte, dafs ein Ghiberti und zum Theil auch ein Luca della Robbia der Darftellung des Bildniffes weder Neigung noch die volle Befähigung entgegenbrachten, läfst die Thatfache vermuthen, dafs uns eigentliche Büften oder Portraitftatuen von ihnen fehlen; dies beweifen auch die kleinen Portraitköpfe, welche fich vereinzelt zwifchen den Charakterköpfen an ihren Bronzethüren finden. Voll und ganz wurde dagegen das Bildnifs durch Donatello in den Kreis der Plaftik hineingezogen.

In seinem beinahe schrankenlosen Streben, die Natur zu ihrem vollen Rechte zu bringen, lag ihm die treue Wiedergabe der Individualität so sehr am Herzen, dass er das Bildnissartige selbst in seinen Charakterfiguren nicht verläugnet, ja sogar mit Vorliebe die Bildnisse hervorragender und scharf ausgeprägter Charaktere seiner Zeit in seinen Heiligenfiguren zur Erscheinung bringt. Von seiner Auffassung des Portraits zeugen sein Reiterstandbild des Gattamelata, seine Statue des Bracciolini, endlich auch mehrere Büsten: die Bronzebüste des jungen Gattamelata, sowie die bemalte Thonbüste des Niccolò da Uzzano, beide im Bargello, und eine zweite, jetzt farblose Thonbüste einer jungen Frau im South Kensington Museum.

Donatello's grossartige Anschauung der Persönlichkeit in diesen Büsten, in welchen das bewegte innere Leben wie in einem mühsam verhaltenen Drange erscheint, klingt in der jüngeren Schule der florentiner Bildhauer noch in den beiden grossen Bronzebildnern, in Antonio del Pollajuolo und Andrea del Verrocchio nach. Die Thonbüste eines unbekannten Kriegers im Bargello und eine Büste des Giuliano de' Medici bei Herrn Dreyfuss sind für den einen wie für den anderen dieser Künstler charakteristische Beispiele ihrer Auffassung nach dieser Richtung. Den gleichzeitigen Marmorbildnern, denen wir weitaus die grösste Zahl der künstlerisch bedeutenden Büsten des Quattrocento verdanken, und denen auch der reiche Büstenschatz des Berliner Museums fast ausschliesslich angehört, ist im Wesentlichen eine einfach naturalistische Auffassung der Persönlichkeit gemeinsam. Die charakteristischen Verschiedenheiten unter ihnen sind vorwiegend in den localen Schulen begründet.

Bei einer Gruppirung der Büsten des Quattrocento nach der Herkunft der Künstler wird Florenz fast noch in höherem Maße, wie auf allen anderen Gebieten der italienischen Kunst, voran zu stellen sein; nicht nur wegen der künstlerischen Bedeutung an sich, sondern auch wegen des Einflusses, welchen es auf die Plastik des übrigen Italien ausgeübt hat. Bei der Beschreibung der einzelnen Büsten der Berliner Sammlung haben wir schon ihre Eigenthümlichkeit nach dieser Seite berücksichtigt. Es erübrigt daher hier nur, eine kurze Charakteristik der Büste in ihrer verschiedenen Auffassung und Darstellungsweise an den Hauptkunststätten Italiens an der Hand der Berliner Sammlung, die auch hierfür ein reiches Material bietet, zu versuchen.

Den florentiner Bildhauern genügte es, und zwar Jedem in feiner Weife, die Perfönlichkeit in ihrer ganzen Bedeutung zum Ausdruck zu bringen. Die äufseren Züge find ftets mit vollem Naturalismus wiedergegeben, aber doch mit hohem künftlerifchen Gefühl regelmäfsig fo, dafs darin das innere, individuelle Leben nach feiner bedeutendften Seite zu möglichft vollem und energifchem Ausdruck kommt. Die florentiner Büften erfcheinen daher, trotz der aufserordentlichen Durchbildung, welche namentlich bei der Ausführung in Marmor angeftrebt ift, niemals kleinlich, fondern die Perfönlichkeit tritt uns darin zunächft in der Totalität ihrer Erfcheinung entgegen; das liebevolle Eingehen in alle Details und Zufälligkeiten zeigt fich erft bei näherer Betrachtung und feffelt dann den Befchauer noch mehr. Dabei entfaltet jeder florentiner Künftler feinen eigenen Stil, prägt feine eigenartige Auffaffung der Perfönlichkeit und die ihr entfprechende Behandlungsweife, die eine Büfte oder Relief grade als feine Arbeit erkennen laffen, deutlich aus. Selbft der gewöhnliche Steinmetz in Florenz hat fo viel von dem allgemeinen künftlerifchen Gefühl, dafs er aus der Todtenmaske ein lebensvolles Bild zu geftalten weifs, dafs er das Reliefbildnifs mit Gefchmack in feine phantafievollen, reizend bewegten und empfundenen Ornamente einfügt. Die verfchiedenen namenlofen bemalten Stuck- und Thonbüften, fowie der oben auf Seite 36 abgebildete Kaminfries dienen unter den Bildwerken der Berliner Sammlung als Beweisftücke dafür.

Das übrige Toscana fchliefst fich den florentiner Meiftern rückhaltslos an; voran Lucca in Matteo Civitale, freilich ohne dafs derfelbe einen von jenen Lehrmeiftern erreichte. Nur das Eine Siena nimmt auch hier Florenz gegenüber in gewiffer Beziehung eine felbftändige Stellung ein. Freilich grade im plaftifchen Bildnifs weniger als in allen anderen Kunftgattungen; denn im Quattrocento traten bis gegen das Ende des Jahrhunderts der kleinliche Parteihader wie die dadurch geförderte Einmifchung Fremder in die inneren Angelegenheiten Sienas auch der gedeihlichen Entwickelung kräftiger Perfönlichkeiten hindernd entgegen. So fehlt in Siena jede Portraitftatue; und von Grabmälern mit Portraitfiguren hat die Stadt nur einige wenige aufzuweifen, wie auch von Büften nur eine einzige auf uns gekommen ift, die Bronzebüfte der Anna Lena Malatefta im Bargello zu Florenz. Jedoch ift die letztere grade ein fehr charakteriftifches und ausgezeichnetes Werk fienefifcher Plaftik, welche zwar die Gröfse und Energie der florentiner Anfchauung vermiffen läfst, dafür aber durch die liebevolle Durchbildung der Details, fowie durch die meifterhafte Behandlung der Bronze theilweife entfchädigt. Bezeichnend für die Auffaffung der fienefifchen Künftler ift auch der Umftand, dafs die Augen der Büfte gefchloffen find, fomit die Benutzung der Todtenmaske nicht einmal äufserlich verläugnet wird.

Rom zeigt fich kaum in einem anderen Zweige der Kunft fo abhängig und unfelbftändig als im plaftifchen Bildnifs: wie für die Grabdenkmale, welche die Ruhm- und Prunkfucht der Päpfte und ihres Hofes in reicher Fülle hervorrief, die Kräfte aus der Fremde, vor allem aus Florenz geholt werden mufsten, fo hat Rom an eigentlichen Büften des Quattrocento, felbft an folchen, die von fremden Meiftern in oder für Rom ausgeführt wären, überhaupt nur fehr wenige aufzuweifen. Wie das Berliner Mufeum in der Marmorbüfte des Niccolò Strozzi das Bild eines Führers der florentiner Kolonie in Rom von der Hand eines hervorragenden jungen florentiner Bildhauers befitzt, den feine Studien nach Rom gezogen hatten, fo hat es auch die Marmorbüfte eines ächt römifchen Bildners, jene oben bereits befprochene und abgebildete Papftbüfte aufzuweifen. Sie trägt in ausgefprochenfter Art den Charakter der fpecififch römifchen Kunft diefer Zeit und zwar in vortheilhafterer Weife als in Rom die beiden Büften am Grabmal Ponzetti, die Büften der Brüder Pollajuolo und ähnliche Arbeiten. Hier treten mehr als in jenen Büften die etwas nüchterne allgemeine Auffaffung, fowie die kleinliche und zum Theil manierirte Behandlung der Falten hinter einer gewiffen Gröfse und Feierlichkeit der Wirkung zurück, zu welcher allerdings der koloffale Mafsftab und die günftige Aufgabe das Ihrige beitragen.

Abhängiger noch als Rom war Neapel in feinem gefammten Kunftleben von dem Zuzug und der Beihilfe fremder, insbefondere florentiner Künftler. Und zwar ift dies für die Portraitbüften im Quattrocento in folchem Mafse der Fall, dafs wir von einer neapolitanifchen Portraitkunft überhaupt nicht fprechen können. Wie weit jene Büften junger Fürftinnen aus Ravello und Scala, von denen die letztere im Befitz des Berliner Mufeums oben abgebildet und befprochen ift, national neapolitanifche Werke find, ift eine Frage, die uns hier nicht befchäftigen kann, da die Entftehung derfelben noch in das dreizehnte Jahrhundert fällt.

Wefentlich verfchieden von der Stellung an den Höfen der Päpfte und der unumfchränkten Herren von Neapel ift das Auftreten der florentiner Künftler in Norditalien. Auch hier werden fie von den Tyrannen und Republiken herangezogen, wenn es gilt, ein befonders grofsartiges Werk zu fchaffen; aber ihre Thätigkeit ift hier nur eine gelegentliche, da fie eine einheimifche Kunft vorfinden, auf welche fie nur mehr oder weniger anregend und belebend einwirken. Dies gilt ganz besonders für die plastische Darstellung der Persönlichkeit. Die Renaissance in der Sculptur Bologna's ist eingeführt und bestimmt durch einen sienischen Künstler, den gröfsten Bildhauer Siena's, Jacopo della Quercia. Derselbe fand hier schon die Sitte der Portraitdarstellung am Grabmal vor, die sich an Bologna's Stolz und Ruhm, an die Universität, anschlofs. Neben den eigenthümlichen Collegienreliefs an den Professorengrabmälern bildete sich das selbständige Bildnifs in der Büste und im Relief erst gegen Ausgang des Quattrocento heraus; und zwar schon unter dem Einflusse, welchen die alten, auf Quercia gegründeten Traditionen von der ferraresischen und umbrischen Kunst erfahren hatten. Eigenthümlich ist diesen Werken, unter denen Francia's Büste in der Berliner Sammlung obenan steht, schlichte und ruhige Auffassung, feine und selbst innige Empfindung bei einer gewissen Allgemeinheit der Formenbehandlung, welche in geringeren Arbeiten in Leere und Weichlichkeit ausartet.

Eine sehr eigenthümliche Stellung nimmt die Kunst der Lombardei in der Auffassung und Behandlung des plastischen Bildnisses ein. Auch hier erfolgte der Durchbruch der Renaissance wesentlich durch den Einflus eines florentiner Bildhauers und Architekten, durch Michelozzo. Dadurch, dafs seine Thätigkeit in Mailand, sowie später die des Bramante im Wesentlichen eine architektonische war, erhielt die Sculptur in der Lombardei von vornherein eine fast ausschliefslich decorative Richtung, welche sich rasch in sehr entschiedener und eigenthümlicher Weise dadurch ausbildete, dafs durch die Baulust der Tyrannen gleichzeitig an verschiedenen Orten grofsartige Bauunternehmungen in Angriff genommen wurden; namentlich in Mailand, Pavia, Como und Bergamo. In der überreichen Decoration dieser Prachtbauten nimmt das Portrait, wie oben bereits erwähnt wurde, einen hervorragenden Platz ein. Diese Bildnisse, welche Sockel wie Pilaster und Friese füllen, welche uns in Thür- und Fensterschrägungen begegnen, sind bald in flachem Relief gehaltene Profilportraits, bald beinahe büstenartig vorspringende Köpfe in Medaillons; hier in Marmor, dort in dem von der steinarmen Lombardei bevorzugten Thon ausgeführt, und zwar gewöhnlich bemalt, gelegentlich aber auch farblos. Eigenthümlich ist diesen Arbeiten wie der ganzen lombardischen Plastik die grofse Farbigkeit und starke Bewegtheit, die leicht in Carricatur ausarten, sowie oberflächliche Naturbeobachtung, die trotz des decorativen Zweckes dieser Sculpturen die Wirkung einer gewissen Leere macht. Aufser verschiedenen geringen Reliefs mit den Profilbildnissen von Mitgliedern der Familie Sforza besitzt die Berliner Sammlung ein Medaillon mit dem kleinen Reiterbildniſs eines Sforza im Relief, ſowie namentlich einen feiner durchgebildeteren, von vorn geſehenen Kopf des Francesco Sforza im Hochrelief, von dem die Sammlung des Herrn Oscar Hainauer in Berlin gleichfalls ein beſonders tüchtiges Profilrelief aufzuweiſen hat. Aber Berlin iſt auch ſo glücklich, das Hauptwerk unter den wenigen nicht decorativen Büſten lombardiſchen Urſprungs zu beſitzen, die treffliche Marmorbüſte des A. Salvagio von der Hand des Antonio Tamagnini, aus dem Jahre 1500, in der Sammlung Ihrer Kaiſerlichen Hoheit der Frau Kronprinzeſſin. Die Eigenthümlichkeit der lombardiſchen Plaſtik: auſſerordentlich liebevolle Durchführung gepaart mit vollendeter Meiſterſchaft in der Behandlung des Marmors, feiert hier ihren Triumph.

In Venedig iſt das plaſtiſche Portrait der Frührenaiſſance noch unabhängiger und eigenartiger als die übrige Sculptur. Offenbar haben die Bildniſſe eines Antonello und der beiden Bellini ſtärker eingewirkt, als das Vorbild Donatello's in ſeinen Paduaner Skulpturen und die ſich daran anſchlieſſende Bildhauerſchule oder der lombardiſche Einfluſs durch die Zuwanderung von Künſtlern aus der Lombardei. Die vornehme Ruhe und das Gehaltene und Gemeſſene als anerzogene Maske, die den leidenſchaftlichen, energiſchen Charakter des Venezianers verhüllt, ebenſo die liebevolle Durchbildung aller Details, welche zur Verſtärkung der Individualiſirung beitragen, ſind den venezianiſchen Büſten und Reliefportraits vom Ausgang des Quattrocento in ähnlicher Weiſe eigenthümlich wie den gleichzeitigen Bildniſſen der groſsen Portraitmaler. Dabei ſind ſie noch ausgezeichnet durch die meiſterhafte Behandlung des verſchiedenſten Materials wie durch die äuſſerſt ſtilvolle Auffaſſung ſowohl der Büſte wie des Reliefs, welches meiſt ganz flach gehalten iſt. Für beide Arten bieten die oben im Abbild wiedergegebenen beiden Stücke der Berliner Sammlung bezeichnende und gute Beiſpiele.

Ein beſonderes Intereſſe, zugleich ein ſolches, von dem ſich jeder Gebildete ſofort angeſprochen fühlt, gewähren die Büſten des Quattrocento durch die Perſönlichkeiten, deren Bild ſie geben. Kaum eine andere Epoche der neueren Geſchichte tritt uns in ihrer Erſcheinung ſo lebendig entgegen, als das fünfzehnte Jahrhundert in Italien durch die Fülle von Abbildern der verschiedensten Art, welche es uns von seinen Zeitgenossen überliefert hat. Reiterstandbilder und Portraitstatuen sind zwar der Natur der Sache nach verhältnismäßig selten. Auch eigentliche Bildnisse sind nicht grade häufig zu nennen, zumal die berühmte Sammlung von Dogenbildnissen in dem Brande des Dogenpalastes vernichtet worden ist. Zahllos sind dagegen die Grabmonumente mit der im Todesschlafe ruhend dargestellten Gestalt des Verstorbenen. Ebenso sind uns in den großen Freskencyklen und zum Theil auch in den Tafelbildern die Stifter mit ihrer Familie und ihrer Sippe wie die Fürsten mit ihrem Hofstaate als Zuschauer oder als Nebenfiguren der Handlung in großer Zahl und Bedeutung erhalten. Andererseits treten uns in den zahlreichen Schaumünzen der Zeit die Portraits der verschiedenartigsten Persönlichkeiten entgegen. Allen diesen mannigfaltigen Abbildern schließen sich die Büsten und Reliefportraits ergänzend und vervollständigend an. Der Werth derselben beruht nicht nur in ihrer künstlerisch lebensvollen Wirkung, sondern namentlich auch in den hervorragenden Persönlichkeiten, deren Abbild uns ausschließlich oder doch allein würdig in diesen Büsten erhalten ist. Leider hat man denselben nach dieser Richtung hin bisher nur geringe Aufmerksamkeit geschenkt, und ist deshalb auch die Zahl der Unbekannten unter diesen plastischen Bildnissen des Quattrocento noch eine sehr beträchtliche. Welche Fülle bedeutsamer Männer — der Frauen nicht zu vergessen — uns in denselben entgegentritt, und wie interessantes Material dafür gerade die Berliner Sammlung bietet, darauf mag hier wenigstens durch kurze Aufzählung der Kreise, in welche uns die hervorragendsten Büsten einführen, hingewiesen werden.

Auch in dieser Beziehung ist Florenz wieder der Mittelpunkt; und in Florenz ist es die mächtige Familie der Mediceer, welche während des fünfzehnten Jahrhunderts in der großen Politik, wenn nicht die Zügel führte, so doch in geschicktester Weise die Fäden spann und vor Allem mit dazu beitrug, den Strom des geistigen Lebens in seine Bahnen zu leiten. Als ein charakteristisches Zeichen für die wohl berechnete Bescheidenheit der Mediceer in ihrer öffentlichen Stellung und ihrem Auftreten innerhalb der Republik haben wir wohl auch die bescheidenen Grabdenkmale derselben anzusehen: einfache Sarkophage, ohne jedes Abbild des Verstorbenen, wenn auch von ersten Künstlern und im edelsten Materiale ausgeführt. So Donatello's Marmorsarkophag des Giovanni d'Averardo und Verrocchio's Bronzegrab des Giovanni und Pietro in der Sacristei von San Lorenzo, sowie der Sarkophag Orlando's in der Annunziata. Auch Schaumünzen sind nur von einigen der berühmteſten Mitglieder der Familie gegoſſen. Da treten die Büſten in glücklichſter Weiſe ergänzend hinzu; und zwar die meiſten durch ihre künſtleriſche Vollendung beſonders lebendig und werthvoll. Coſimo's Reliefbildniſs und die bemalte Stuckbüſte Lorenzo's in der Berliner Sammlung zeigen uns hier die Nachbildungen. Eine ſehr anſprechende Thonbüſte Lorenzo's im jugendlichen Alter beſitzt Herr Gavet in Paris, eine Art Gegenſtück dazu Herr Dreyfufs in der großartig aufgefaßten Thonbüſte von Lorenzo's Bruder Giuliano; beide Büſten im Charakter Verrocchio's. Die Marmorbüſte des Pietro il Gottoſo, eine der beſten Arbeiten Mino's, iſt Italien erhalten: ſie ſteht jetzt im Muſeo Nazionale zu Florenz. Die benachbarte namenloſe Büſte eines Mannes im Harniſch, augenſcheinlich auch von Mino's Hand, ſtellt offenbar nach der Familienähnlichkeit gleichfalls einen Mediceer dar, und zwar, wie mir nach dem Vergleich mit deſſen Medaillon faſt zweifellos erſcheint, Piero's Bruder Giovanni. Das eigenthümliche, von vorn geſehene Hochrelief in halber Figur im Dom zu Piſtoja, dem Antonio Roſſelino zugeſchrieben, ſtellt den Donato de' Medici, Biſchof von Piſtoja, dar. Nach dem Wappen des alten zugehörigen Sockels giebt auch die bemalte Thonbüſte eines jungen Mannes im Beſitze des Herrn Heinrich Vieweg in Braunſchweig das Bildniſs eines Mediceers aus der zweiten Hälfte des Quattrocento.

An dieſe Gruppe von Büſten meiſt ſehr hervorragender Mitglieder dieſer großen Familie, die ſich vermuthlich noch durch einzelne bis jetzt überſehene Büſten anderer Mitglieder derſelben vervollſtändigen laſſen wird, reihen ſich mehrere Gruppen von Büſten, die uns Perſönlichkeiten verſchiedener Kreiſe, in näherer oder fernerer Beziehung zu den Mediceern, wiedergeben. Unter den fürſtlichen Freunden oder — nach Umſtänden — Feinden König Ferdinand von Neapel nebſt ſeinen beiden Töchtern Beatrice und Eleonora, ſein Schwiegerſohn Matthias Corvinus, König von Ungarn; ferner die letzten Tyrannen des Hauſes Visconti und zahlreiche Mitglieder des Hauſes Sforza; von den kleinen Tyrannen der Marken die Bentivogli von Bologna bis herab zu den Ordelaffi und Manfredi von Forlì und Faenza, meiſt in mehreren ihrer bekannteſten Mitglieder.

Die Zahl der erhaltenen Büſten vornehmer Florentiner bietet uns ausgezeichnet lebensvolle Abbilder von verſchiedenen der hervorragendſten Staatsmänner aus der Nähe der Medici; u. A. Niccolò da Uzzano, Diotifalvi Neroni, den Biſchof Salutato, Rinaldo della Luna, Giovanni Rucellai, Niccolò und Filippo Strozzi. Ihnen reihen ſich aus dem Kreiſe der Gelehrten und Künſtler aus der Umgebung der Mediceer Männer an wie Pietro Mellini, Matteo Pal-

47

mieri, Martilio Ficino, der Arzt Giovanni di San Miniato, der Mufiker Squarcialupi, Brunellesco, Macchiavelli u. f. f.

Verhältnifsmäfsig zahlreich ist auch die Gruppe von Frauenbüsten, welche uns die Gattinnen und Töchter der bekanntesten Männer des Quattrocento vergegenwärtigen, zum Theil in vorzüglichen Bildwerken. Genannt seien

unter den bestimmbaren — denn leider ist die Zahl der Unbekannten gerade unter den schönsten Büsten und Reliefbildniffen sehr beträchtlich — die beiden Töchter König Ferdinands von Neapel, Eleonora und Beatrice von Arragon, ferner Battista Sforza die Gattin des Herzogs Federigo von Urbino,

Marietta Strozzi, Isotta da Rimini die Gattin des Sigismondo Malatesta, Beatrice d'Este die Gemahlin von Lodovico il Moro, eine Tochter des Colleoni u. a. m.

Aufserhalb Florenz ist die Ausbeute weniger reich, ausgenommen jene Tyrannenhöfe, auf welche oben schon aufmerksam gemacht wurde, namentlich Mailand. Insbesondere sind wir fast völlig ohne Auskunft über die Personen, welche die kleine aber gewählte Zahl von venezianischen Büsten und Reliefbildnissen darstellt.

In den plastischen Bildnissen des Quattrocento tritt uns diese grofse Zeit stets unverfälscht in ihrer eigensten Art entgegen. Wenn wir den Büsten des Giovanni Rucellai, des Lorenzo Magnifico oder Diotisalvi Neroni zum ersten Mal gegenübertreten, werden wir über ihre grofs und schroff ausgebildete Individualität fast erschrecken: das bewegte Leben, die Leidenschaftlichkeit, die oft brutale Rücksichtslosigkeit in der Aeuserung der Leidenschaften sind mit eherner Schrift in ihren Zügen eingeschrieben. Aber daneben begegnen wir gelegentlich auch ebenso milden, sympathischen Typen, wie dem Filippo Strozzi und dem Pietro Mellini. Und namentlich bieten die Marmorbüsten junger Florentinerinnen in ihrer schönen Verbindung von natürlicher Grazie und heiterer Offenheit ein reizendes Gegenbild zu jener starken und schroffen Männerwelt.

Fragen wir uns zum Schluſs: wie verhält sich das plastische Bildniſs des Quattrocento zu dem Portrait der Antike und der neueren Zeit? welches sind diesen gegenüber seine Eigenthümlichkeiten und welcher Art seine künstlerische Bedeutung? Der Vergleich mit der Antike liegt um so näher, als die Renaissance von derselben ausgegangen war und in derselben stets ihr unerreichtes Vorbild sah; obwohl die Antike, an welche die Renaissance anknüpfte, auf der letzten Stufe ihrer Entwickelung stand, die nach keiner Richtung den Vergleich mit der Kunst des Quattrocento aushalten kann. Innerhalb der Antike müssen wir, sofern die griechische Kunst im Vordergrunde steht und auf die Ausbildung und Entwickelung der etruskisch-italischen Kunst einen bestimmenden Einfluſs ausgeübt hat, das plastische Bildniſs in Griechenland und in Italien jennoch gesondert betrachten, da beide sehr wesentliche Verschiedenheiten zeigen.

Für die griechische Plastik ist zunächst ein sehr charakteristischer Zug, daſs sie da, wo sie ein Erinnerungszeichen für eine Persönlichkeit zu schaffen hat, vielfach auf eigentliche Portraitdarstellung verzichtet. In dem Grabrelief sowohl wie in der gewöhnlichen Siegerstatue ist vielmehr die Persönlichkeit regelmäſsig nur durch Alter, Figur, Tracht und Umgebung charakterisirt, und nicht durch bildnisartige Gesichtsbildung. Nur wo es wesentlich darauf ankam, die Individualität als solche herauszuheben, wo es galt, ein Herrscherportrait oder das Bildniſs eines groſsen Mannes oder eines dreifachen Siegers in den olympischen Spielen zu schaffen, war die möglichst treue Wiedergabe der Portraitzüge auch in dieser Zeit schon das Ziel des Künstlers. Hingegen war für das plastische Bildniſs des Quattrocento überzeugende Portraitähnlichkeit erste Bedingung, welche selbst die handwerksmäſsigste Stuckbüste erfüllte.

Nicht minder ist für die griechische Plastik der Umstand bezeichnend, daſs dieselbe das Portrait sehr wahrscheinlich überhaupt nicht als eigentliche Büste sondern als Herme, sowie mit Vorliebe als Standbild in ganzer Figur giebt, um die Persönlichkeit in Körperbau, wie in Haltung und Bewegung zum Ausdruck zu bringen. Dadurch stellt sich der Kopf in den griechischen Portraitstatuen wohl als ein hervorragender Theil der ganzen Figur dar, nicht aber als das in sich beschlossene, fast allein bedeutungsvolle Hauptstück derselben, wie dies für die Auffassung des Quattrocento charakteristisch ist. Wo das letztere ausnahmsweise zum Standbild greift, ist der Körper so verhüllt und kommt regelmäfsig selbst in der Gewandung so wenig zur Geltung, dafs auch hier der Kopf in seiner fast ausschliefslichen Bedeutung hervortritt. Mehr noch als durch jene Betonung des Körpers wird im plastischen Bildnifs der Griechen die consequente Durchbildung des individuellen Elements zurückgedrängt durch das allgemeine Formgefühl und den auf typische Gestaltung gerichteten Charakter der griechischen Anschauung. Aehnliches erstrebt und erreicht der Künstler des Quattrocento nur ausnahmsweise. Nur wo der Stand in dem Manne so ganz ausgeprägt ist und dieser ihn so vollständig vertritt, wie die Person des Colleoni den Condottiere, glückte es wohl einem Verrocchio, eine der eigenartigsten Erscheinungen seiner Zeit in einem so charaktervollen und gewaltigen Bilde auszudrücken, wie in dem bronzenen Reiterstandbild vor der Scuola di San Marco. In der Regel ist dagegen die individuelle Durchbildung des Kopfes so sehr die Hauptsache, dafs eine solche Abstraction nur von dem Beschauer gemacht werden wird, wenn zufällig in den Zügen der Person das Typische besonders deutlich sich ausspricht.

Von jener griechischen Auffassung des Bildnisses weicht die etruskische Kunst wesentlich ab. Diese bestimmt ihrerseits die altrömische Plastik und macht ihren Einflufs theilweise noch in dem plastischen Bildnifs der Kaiserzeit geltend. Für die etruskische Sculptur ist das Portrait und insbesondere die Büste nicht nur der bevorzugte Theil in der Darstellung des menschlichen Körpers, sondern ist innerhalb derselben sogar allein zu einer gewissen künstlerischen Vollendung ausgebildet. Die Wiedergabe der Persönlichkeit ist ein Hauptmerkmal des für die etruskische Kultur so bezeichnenden Todtenkultus. In den eigenthümlichen »Deckelfiguren« der etruskischen Sarkophage sind uns dafür noch zahllose Beispiele erhalten; die auf einem Ruhelager ausgestreckten Körper wurden nebst den Sarkophagen, deren Deckel sie bildeten, auf Vorrath gearbeitet; diesen wurden dann auf Bestellung Köpfe gegeben, welche nach dem Leben modellirt wurden. Neben diesen aufgesetzten Büsten auf den sogenannten Deckelfiguren erscheint der Portraitkopf in der etruskischen Plastik aber auch selbständig; und zwar in der Regel aus Thon gebildet. Während aber die Deckelfiguren ganz handwerksmäfsig hergestellt wurden, erhielten diefe theilweife eine bedeutende künftlerifche Durchbildung. Eine Reihe folcher Köpfe im Mufeo Gregoriano find dafür befonders fprechende Beifpiele. Wie fchon in dem Material, dem bemalten Thon, und, wenn ausnahmsweife mehr gegeben ift als Kopf und Hals, auch in der Form, in dem flachen, glatten Abfchlufs über der Bruft, fo ftehen diefelben auch in der Auffaffung durch die anfpruchslofe, unverfälfchte Treue in der Schilderung der Perfönlichkeit den Büften der italienifchen Frührenaiffance näher als dem plaftifchen Portrait der Griechen. Diefe auffallende Verwandtfchaft kann nicht etwa aus einem directen Einflufs der Ueberrefte etruskifcher Kunft auf die italienifche Renaiffance erklärt werden; denn jene Büften find faft ausnahmslos erft durch neuere Ausgrabungen aus den Gräbern Etruriens hervorgezogen worden. Wohl aber ift die Vermuthung zuläfsig, dafs jene verwandte Auffaffung ein Ausflufs des Volkscharakters in Toscana fei, welcher felbft in den Umwälzungen der Völkerwanderung nicht vernichtet wurde.

Ebenfo fern wie der ftiliftifchen Auffaffung der griechifchen Kunft fteht das plaftifche Portrait des Quattrocento auch der malerifch-decorativen Auffaffung der Hochrenaiffance und des Barocks, obgleich namentlich letzterer zum Theil wieder eine fehr eigenartige und reizvolle Wiedergabe der Individualität auszubilden verftanden hat.

Die Büfte des Quattrocento ift ein unabfichtliches, treues und doch eigenartiges Abbild der grofsen Zeit, welche die moderne Gefchichte heraufgeführt hat; fie giebt das Abbild ihrer gewaltigen, fcharf ausgeprägten Charaktere in einer künftlerifchen Form und Meifterfchaft, welche der Gröfse des Zeitalters entfpricht und ein vollendeter Ausdruck feiner Kraft und Lebensfülle ift.

Verzeichnifs der Abbildungen

Mit Ausnahme des Titelblattes sind sämmtliche Abbildungen nach Bildwerken im Besitz der Königlichen Museen zu Berlin ausgeführt.

Titelblatt, Heliographie der Reichsdruckerei nach einer Zeichnung von Ludwig Otto; die Umrahmung nach einem Rahmen in Nussholz von A. Bamby, im Besitz von Henry Vaughan Esq. zu London.

Seite 1. Venezianischer Kaminfries in istrischem Kalkstein; Ende des XV. Jahrhunderts. Hochätzung einer Zeichnung von Moritz Essex.

Seite 4. Theil eines florentiner Kaminfrieses in Sandstein; Mitte des XV. Jahrhunderts. Hochätzung einer Zeichnung von Moritz Essex.

Seite 5. Florentiner Kaminfries in Sandstein aus der zweiten Hälfte des XV. Jahrhunderts. Hochätzung einer Zeichnung von Moritz Essex.

Seite 8. Bronzebüste eines bejahrten Feldherrn. Florentiner Arbeit aus der Mitte des XV. Jahrhunderts. Heliographie der Reichsdruckerei nach einer Zeichnung von Anton Pruessner.

Seite 11. Marmormaske eines jungen Mädchens. Florentiner Arbeit aus der zweiten Hälfte des XV. Jahrhunderts. Heliographie der Reichsdruckerei nach einer Zeichnung von M. Lühks.

Seite 14. Marmorbüste eines jungen Mädchens von Mino da Fiesole. Heliographie der Reichsdruckerei.

Seite 19. Marmorbüste des Papstes Alexander VI. Römische Arbeit vom Ende des XV. Jahrhunderts. Hochätzung einer Zeichnung von Anton Pruessner.

Seite 20. Ornament in Thon. Lombardische Arbeit vom Ende des XV. Jahrhunderts. Hochätzung einer Zeichnung von Moritz Essex.

Seite 23. Thonbüste eines venezianer Edelmannes. Venezianische Arbeit vom Ausgang des XV. Jahrhunderts. Radirt von Ludwig Otto.

Seite 30. Theil eines florentiner Kaminfrieses von Sandstein; Mitte des XV. Jahrhunderts. Hochätzung einer Zeichnung von Moritz Essex.

Seite 31. Bemalte Stuckbüste des Lorenzo de' Medici, genannt il Magnifico. Florentiner Arbeit aus der zweiten Hälfte des XV. Jahrhunderts. Radirung von Ludwig Otto.

Seite 34. Reliefbildnis einer vornehmen Venezianerin in Marmor. Venezianische Arbeit um das Jahr 1500. Hochätzung einer Zeichnung von Anton Pruessner.

Seite 35. Reliefbildnisse des Mathias Corvinus und seiner Gattin Beatrix von Arragon aus Marmor. Florentiner Arbeiten aus der zweiten Hälfte des XV. Jahrhunderts. Stich von Gustav Eilers.

Seite 36. Florentiner Kaminfries in Sandstein aus der zweiten Hälfte des XV. Jahrhunderts. Heliographie der Reichsdruckerei.

Seite 38. Ornament in Thon. Lombardische Arbeit vom Ende des XV. Jahrhunderts. Hochätzung einer Zeichnung von Moritz Essex.

Seite 31. Marmorbüste einer neapolitanischen Prinzessin. Süditalische Arbeit vom Ausgange des XIII. Jahrhunderts. Hochätzung einer Zeichnung von M. Lenz.
Seite 32. Kleine Marmorbüste eines italienischen Edelmannes. Toskanische Arbeit des XIV. Jahrhunderts. Hochätzung einer Zeichnung von Anton Preissler.
Seite 40. Ornament in Thon. Lombardische Arbeit vom Ende des XV. Jahrhunderts. Hochätzung einer Zeichnung von Moritz Eibt.
Seite 44. Ornament in Thon. Lombardische Arbeit vom Ende des XV. Jahrhunderts. Hochätzung einer Zeichnung von Moritz Eibt.
Seite 47. Reliefbildnis des Cosimo de' Medici aus Marmor; angeblich von Andrea del Verrocchio. Radirung von Hans Meyer.
Seite 48. Theil eines florentiner Kaminfrieses in Sandstein; Mitte des XV. Jahrhunderts. Hochätzung einer Zeichnung von Moritz Eibt.
Seite 49. Theil eines florentiner Kaminfrieses in Sandstein. Mitte des XV. Jahrhunderts. Hochätzung einer Zeichnung von Moritz Eibt.
Seite 51. Fuss einer Kirchenstandarte; muthmaßlich von Benedetto da Majano. Marmor. Hochätzung einer Zeichnung von Ludwig Otto.

Tafel I. Marmorbüste der Marietta Strozzi von Desiderio da Settignano. Heliographie der Reichsdruckerei.
Tafel II. Marmorbüste einer jungen Florentinerin, wahrscheinlich von Desiderio da Settignano. Heliographie der Reichsdruckerei.
Tafel III. Marmorbüste des Niccolò Strozzi von Mino da Fiesole. Heliographie der Reichsdruckerei.
Tafel IV. Marmorbüste eines Florentiners, muthmaßlich von Antonio Rossellino. Heliographie der Reichsdruckerei.
Tafel V. Bronzebüste eines bejahrten Feldherrn. Florentiner Arbeit vom Ende des XV. Jahrhunderts; gestochen von Ludwig Jacoby.
Tafel VI. Bemalte Thonbüste des Filippo Strozzi von Benedetto da Majano. Radirung von Ludwig Otto.
Tafel VII. Bemalte Thonbüste eines bologneser Edelmannes von Francesco Francia. Radirung von Ludwig Otto.
Tafel VIII. Bemalte Stuckbüste, muthmaßlich den Giovanni Rucellai darstellend. Arbeit eines florentiner Künstlers um die Mitte des XV. Jahrhunderts, radirt von Ludwig Otto.

KUNST- UND BUCHDRUCK
DER
REICHSDRUCKEREI ZU BERLIN.

THE NEW
PUBLIC LIBRARY
ASTOR, LENOX
TILDEN FOUNDATIONS